Barbara Blum – Heisenberg

# Die Symbolik des Wassers

Barbara Blum – Heisenberg

# Die Symbolik des Wassers

## Baustein der Natur – Vielfalt der Bedeutung

Kösel

CIP-Titelaufnahme der Deutschen Bibliothek

**Blum-Heisenberg, Barbara:**
Die Symbolik des Wassers : Baustein d. Natur – Vielfalt d.
Bedeutung / Barbara Blum-Heisenberg. – München : Kösel, 1988
ISBN 3-466-34188-4

© 1988 by Kösel-Verlag GmbH & Co., München.
Printed in Germany. Alle Rechte vorbehalten.
Gesamtherstellung: Kösel, Kempten.
Umschlag und Layout: Elisabeth Petersen, Glonn.
Umschlagfoto: Barbara Blum-Heisenberg.
ISBN 3-466-34188-4

# INHALT

WASSER IST einer der wenigen Urstoffe, aus denen unsere Welt zusammengesetzt ist; und vom Vorhandensein gesunden Wassers hängt alles Leben ab. Die Wissenschaft lehrt uns heute, daß 70 Prozent der Erdoberfläche aus Wasser bestehen, und daß das Leben einst im Wasser entstand. 70 Prozent auch des menschlichen Körpers bestehen aus Wasser, und der gesamte Stoffwechsel hängt von seinem Wasserhaushalt ab. Der Wasserbedarf des Menschen pro Tag beträgt 2,5 bis 4 Liter und ist nur wenig variabel. Mit anderen Worten: ohne Wasser kann der Mensch nur wenige Tage überleben, aber auch ein gewaltsames Einflößen von zu viel Wasser kann zu einem qualvollen Tod führen. Wenn auch bei niederen Tieren oder Pflanzen die Anpassungsfähigkeit an Feuchtigkeit oder Trockenheit sehr viel größer ist, so gilt doch auch hier: das Funktionieren des Stoffwechsels hängt vom Vorhandensein frischen Wassers ab.

Doch das, was sich heute als wissenschaftliche Erkenntnis präsentiert, hat der Mensch längst als Erfahrung mit sich herumgetragen. Die Eroberung der großen Wasserflächen begann in frühester Zeit, als die noch umherziehenden Menschen ihre erjagte und gesammelte Nahrung durch Fischfang ergänzten. Die Beobachtung, daß Sonne die Erde austrocknet, Wasser dagegen die Pflanzen wachsen läßt, machte den Anbau von Getreide, Obst und Gemüse möglich und damit die Siedlung der Menschen in klimatisch begünstigten Gebieten. Und schließlich gehört der brennende Durst und seine kräftigende Linderung durch einen Schluck frischen Wassers zu unser aller stets wiederholten Urerlebnissen.

Die Abhängigkeit allen Lebens in der Natur vom Wasser ist uraltes Wissen. Und wenn es auch nicht wie heute mit naturwissenschaftlicher Genauigkeit in Messungen und Zahlen ausgedrückt wurde, so ist es doch schon in frühester Zeit formuliert und weitergegeben worden. Wir kennen heute aus vielen alten Kulturen mythische Darstellungen, in denen Wasser Ursprung der Welt und Quelle allen Lebens ist. Göttliche Überhöhung der Naturvorgänge oder große Visionen von der Erschaffung des Kosmos erzählen von der Entstehung der Welt und des Lebens aus dem Wasser.

Naturvorgänge und Weltentstehung aber werden in den Mythen nicht um ihrer selbst willen beschrieben, sondern als ein großer Sinnzusammenhang, in den der Mensch eingebettet ist. Denn die Mythen sind Götter- und Menschheitserzählungen, die Bilder bieten für existenzielle Fragen und Lebenszusammenhänge, die uns Menschen von jeher beunruhigt haben. Ein Urstoff wie das Wasser hat daher in diesen bilderreich erzählten Vorgängen nicht nur einen funktionalen Wert als Baustein der Natur, sondern wird zum symbolischen Bild mit einem tief gestaffelten Bedeutungsspektrum innerhalb eines Netzwerkes von Sinngebung.

In dem Maße, in dem sich der Mensch Verfügungsgewalt über die Natur aneignete, hat sich sein Denken aus diesem Zusammenhang herausgelöst. Das Wasser, diesen grundlegenden Bestandteil der Natur, sehen wir heute nur noch in Funktion unserer Bedürfnisse und technischen Möglichkeiten. Die großen Wasserflächen der Ozeane sind zu leicht befahrbaren Seewegen geworden; als Fischfangreservoire werden sie ausgebeutet; und ihre geheimnisvollen Tiefen sollen zu Tummelplätzen für tieftauchende Touristen ausgebaut werden. Unwegsame Sümpfe werden trockengelegt, und mangelnde Regenfälle können in weiten Teilen der Erde durch künstliche Bewässerung ausgeglichen werden. Die großen Flüsse sind in unseren Breiten kanalisiert und, wo nötig, umgeleitet, um eine maximale Wasserver- und -entsorgung der Städte und industriellen Anlagen zu garantieren.

Gleichzeitig aber müssen wir erkennen, daß die Verselbständigung dieses rein funktionalen Denkens uns in eine Sackgasse geführt hat. Wir sind dabei, mit unserer scheinbar so hoch entwickelten Technik die Natur zu zerstören. Die Abwässer der Industrie verunreinigen Flüsse und Seen in einem Maße, daß alles Leben in ihnen abstirbt; und selbst der Regen, der bislang die Gewässer auffrischen konnte, ist durch industrielle Abgase so sehr verändert, daß er das ökologische Gleichgewicht des Bodens stört und die Gesundheit unserer Gewässer zusätzlich gefährdet. In der Entwicklung unserer Technik ist daher eine Neuorientierung nötig.

Mit dem vorurteilslosen und methodisch strengen Denken der Naturwissenschaften haben wir uns zwar von der dunklen Macht des Numinosen befreit, dabei aber auch die sinnerfüllte Einbettung in die Kreisläufe der Natur aufgegeben. Die Fehlentwicklungen unserer Technik zeigen, daß ein Eingreifen in natürliche Prozesse äußerst komplexe, netzartig ineinandergreifende Auswirkungen hervorrufen kann, die mit unserem naturwissenschaftlich-technischen Wissen allein nicht mehr überschaubar sind.

Wenn wir mit dem Wasser in einer Weise umgehen wollen, die uns, über seine reine Benutzbarkeit hinaus, seinen existenziellen Wert erhält, so müssen wir uns zunächst darauf zurückbesinnen, was sein existenzieller Wert eigentlich ist. Da Tod und Leben vom Vorhandensein reinen Wassers abhängen, haben sich an das Bild des Wassers viele der grundlegenden seelischen Bedürfnisse und Vorstellungen des Menschen angegliedert. Die Sprache der Naturwissenschaft vermag nicht, sie auszudrücken. Denn in dem wissenschaftlichen Bestreben, Natur genau und allgemein gültig zu beschreiben, mußte sie notwendig den variablen Bereich des subjektiven Erlebnisses ausschalten.

So kann z. B. die Feststellung eines täglichen Mindestbedarfs von 2,5 Liter Wasser für den Menschen nichts mehr über die Qual des Durstes oder die Beglückung durch einen Schluck frischen Wassers aussagen. Die Errechnung einer Strömungsgeschwindigkeit kann und will nichts über die Gewalt mitteilen, mit der das Wasser Hindernisse fortreißt, oder über das vieltönige Rauschen, das seinen Fluß begleitet. Und die Errechnung des relativ kleinen Brechungsindex' von 1,33, mit dem ein schräger Lichtstrahl beim Übertritt von Luft in Wasser abgelenkt wird, erfaßt in keiner Weise die Verschiedenartigkeit, Fülle und Intensität der Lichterscheinungen in dem natürlich bewegten Wasser eines Sees.

Über der genauen, allgemein gültigen Beschreibung einzelner Erscheinungen haben wir die Komplexität der natürlichen Vorgänge aus den Augen verloren. Und gleichzeitig ist uns die Möglichkeit abhanden gekommen, uns über diese Komplexität zu verständigen. Denn die exakte Beschreibung natürlicher Vorgänge, so daß sie wiederholbar werden, und die Formulierung von Gesetzmäßigkeiten, so daß sie die Probe der Widerlegbarkeit bestehen, erfordern die Einengung der gebrauchten Begriffe auf Eindeutigkeit hin. Reproduzierbarkeit und Falsifizierbarkeit haben die Begriffe, mit denen wir heute Natur beschreiben, eindimensional gemacht. Und sie können den Reichtum und die Vielfalt, die wir in der Natur erleben, nicht mehr erfassen. Wenn sich unser Denken aber so weit der Natur entfremdet hat, daß wir sie und damit unseren eigenen Lebensraum zerstören, dann wird es Zeit, die Beziehungen zwischen ihr und uns neu zu überdenken.

Um die Vielschichtigkeit zu benennen, die die Wechselwirkungen zwischen der Natur und unserem Bewußtsein kennzeichnen, braucht man die Komplexität des bildhaften Ausdrucks. Oder anders gesagt: um die Natur als Erlebnisraum wieder lebendig werden zu lassen, brauchen wir den Reichtum und die Vielschichtigkeit des sprachlichen Bildes. Und nur bei einer vollständigen Durchdringung seiner reichen Vielschichtigkeit kann es uns gelingen, unsere Beziehungen zur Natur bewußt zu erfassen und neu zu durchdenken.

Der bildhafte Ausdruck ist am kompaktesten in der Lyrik zu finden, wo die Dichte des Bildes durch die sinnliche Wirkung von Form, Rhythmus und Klangfarbe der Sprache unterstrichen wird. Die größte Tiefe hat sie aber in den Mythen und Märchen erlangt, die sich durch Jahrhunderte erhalten haben. Denn in ihnen hat die Zeit das schmückende Beiwerk weggefiltert. Und übriggeblieben sind Bilder voll eigener, unmittelbarer Dynamik, die aber durch ihren Zusammenhang zu symbolischen Darstellungen tiefer, allgemein gültiger Weisheiten geworden sind.

Um also das ganze Bedeutungsspektrum des Bildes »Wasser« vorzuführen, stützen wir uns auf Mythen, Märchen und Lyrik. Die verschiedenen Quellen sollen hier kurz wiedererzählt und erläutert werden; und dann wollen wir versuchen, ihre symbolische Bedeutung im Vergleich mit der direkten Naturbetrachtung herauszuarbeiten – einige Farbfotos bilden dazu den anschaulichen Teil.

In unsrer Welt,
in der der Blick sich an den Gegenständen stößt,
empfinden wir das eng Beschränkte unsres Daseins.
Ein jedes Ding ist Grenzstein unsrer Träume
und hält sie fest in einem engen Raum.
Der Himmel aber lehrt uns Weite,
gibt uns den Traum von einer andern Welt,
und die gedehnte Wasserfläche unsrer Meere
ist wie ein Spiegel, der von ihr erzählt.
Dort fern am Horizont, wo beide sich vereinen,
wo Meer und Himmel ineinander übergehn
und keine klare Linie mehr den Blick zerschneidet,
dort hängt ein Schein von der Unendlichkeit.

ETWA DREI VIERTEL der Erdoberfläche sind von Wasser bedeckt. Die geringe Landmasse, die außerdem noch aufgeteilt ist in kleinere Stücke, ist also ringsherum von Wasser eingeschlossen. Es liegt daher nahe, sich unsere Welt als eine auf dem Wasser schwimmende Scheibe vorzustellen oder als einen aus dem Wasser herausragenden Erdhügel – eine Vorstellung, die ja auch erst vor wenigen hundert Jahren durch die Weltumsegelungen widerlegt worden ist. Wenn man aber mit diesen unvollkommenen geographischen Vorstellungen aus alter Zeit nach den Anfängen der Weltentstehung fragt, so ist die natürliche Schlußfolgerung die Idee, am Anfang sei alles Wasser gewesen und die Erde erst danach entstanden oder geschaffen worden.

Tatsächlich ist das Bild eines Urozeans als Zustand vor der Schöpfung fast universell verbreitet. Daher geben die Variationen, die das Bild in den verschiedenen Schöpfungsmythen erfahren hat, gerade Aufschluß über die verschiedenen Grundvorstellungen, die wir mit dem Wasser verbinden.

Wir beginnen zunächst mit dem ägyptischen Schöpfungsmythos, weil er wie kaum ein anderer die Lehre einer Weltschöpfung mit einer aus Naturbeobachtung gewonnenen Weltentstehungslehre verbindet. Allerdings sind seine komplexen Vorstellungen nicht in einer geschlossenen Darstellung überliefert. Wahrscheinlich haben sie niemals eine einheitlich weitergegebene Glaubenslehre gebildet, sondern sind offengeblieben und haben fortlaufend lokale oder von außen eingedrungene Vorstellungen assimiliert. Die Einzelelemente

sind hauptsächlich in drei verschiedenen Textgruppen zu finden, von denen die Pyramidentexte noch aus dem Alten Reich stammen (ca. 2500–2300 v. Chr.), die Sargtexte in das 1. Zwischenreich und das Mittlere Reich datiert werden (ca 2300–2000 v. Chr.), das Totenbuch aber erst im Neuen Reich entstand (nach 1500 v. Chr.).

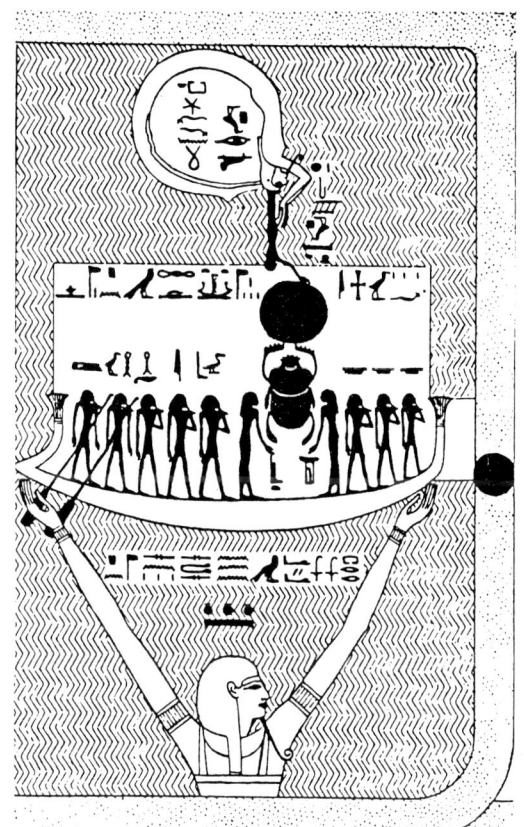

Wenn auch verschiedene Mythen vom Uranfang nebeneinander bestanden, so lassen sich doch einige gemeinsame Grundvorstellungen finden: Im Anfang gab es nichts als das träge, finstere Chaos, das Urgewässer Nun. Die Schöpfung aber vollzog sich, als der Sonnengott Rê zum ersten Male seinen Widersacher, die Apophisschlange, verdrängte, aus dem Urozean aufstieg und den Sternen ihre Bahn gab, so in seinem Lauf die kosmische Ordnung nach sich ziehend. Jeden Tag vollzieht sich die Schöpfung neu, jeden Tag steigt der Sonnengott aus den Urwassern empor, erhellt die Finsternis und siegt über das Ungeordnete. Er beginnt seinen ordnenden Lauf als ein neugeborenes Kind und versinkt am Ende eines Tages als Greis wieder in dem Urwasser Nun, wo er in einer Nachtfahrt auch die Unterwelt, das Reich des Todes, durchläuft. Nach anderen Quellen – der Lehre von Heliopolis – ist dieser Sonnengott eine Dreiheit aus Khépri, der aufgehenden Sonne, Rê, der Sonne in ihrem höchsten Stand, und Atum, der untergehenden Sonne.

Hier ist deutlich zu sehen, wie ein Bild, das zu den geläufigsten, ältesten Erfahrungen des Menschen gehört, zum religionsstiftenden Mythos wird, weil es fähig ist, zentrale Erkenntnisse aus anderen Daseinsbereichen des menschlichen Lebens sich anzugliedern: In einer sternenlosen Nacht bildet das Meer mit dem Himmel einen einzigen großen Raum, der keinen Anfang und kein Ende zu haben scheint. Nirgends gibt es einen Halt: Überläßt man sich den steigenden und fallenden Bewegungen des Wassers, z. B. in einem Boot, so kann sogar zeitweilig das Gefühl für oben und unten verlorengehen.

In China bildete sich die Vorstellung heraus, daß Himmel und Erde an allen vier Seiten durch die Wasser der Meere miteinander verbunden seien. Und diese Vorstellung wurde erhärtet durch eine Erzählung des Gelehrten und Dichters Chang Hua (232–300 n. Chr.) von Leuten, die mit dem Segelschiff direkt über das Wasser in die Milchstraße gelangt wären. Doch steht diese Erzählung in dem »Bericht über allerlei Wunderdinge« (Po-wu chih) und bestätigt daher nur das beunruhigende Wunderbare der Grenzenlosigkeit dieses dunklen Raums. Die Furcht vor der Orientierungslosigkeit in diesem grenzenlosen Raum hat bis in die nachchristliche Zeit hinein die nächtliche Schiffahrt verhindert.

Jeden Morgen aber steigt die Sonne empor, erhellt die vorherige Dunkelheit, breitet vor den Augen des Menschen eine klar gegliederte Welt aus und ermöglicht so die Orientierung in einem Element, das ihm sonst nur bedrohlich erschien. Auch in unserer Zeit ist diese Bedrohtheit durchaus noch formuliert worden, z. B. von Rainer Maria Rilke in seinem »Lied vom Meer« mit dem Bild eines treibenden Feigenbaums im nächtlichen Meer, das »fühllos wie für Urgestein« aus unendlichem Raum und unendlicher Zeit an ihn heranwogt.

Der Urozean mit seinen alles erfüllenden, dunklen Wassern ist das uranfängliche Chaos, in dem alle Möglichkeiten noch ungeordnet und ungeschieden nebeneinander existieren und ihrer Verwirklichung harren. Denn ebenso ist das Wasser in seiner Gesamtheit aus einer Unzahl einzelner Tropfen zusammengesetzt. Sie bilden eine gestaltlose, fließende Masse, aber, einzeln herausgenommen und bei Licht besehen, haben sie jeder eine eigene Gestalt höchster Vollkommenheit, in der sich das Licht zur Vielfarbigkeit bricht.

»Vater der Götter« wird der Urozean häufig genannt, und Rê, das Licht, und Apophis, die Schlange der Finsternis, gehen aus ihm hervor. Sie sind die positiven und die negativen Potenzen, d. h. sie verkörpern die schöpferischen und die zerstörerischen Möglichkeiten, die das uranfängliche Chaos in sich trägt, und die im Anfang der Welt noch nicht geschieden sind. Erst wenn die schöpferische Kraft mächtig wird, kann sie ordnend eingreifen und damit den Kosmos als gestaltetes Werk entstehen und sichtbar werden lassen. Dieses geschah »beim ersten Male«. Doch kann die Schlange Apophis, diese Möglichkeit zur Destruktion, nicht endgültig beseitigt werden. Ihre Überwindung und damit das gestaltende Platzgreifen der beim ersten Male gesetzten Ordnung müssen immer wieder neu und in aktiver Auseinandersetzung errungen werden.

Wir erblicken in dem Mythos zunächst das Bild der aufgehenden Sonne über dem Meer. Wenn aber gesagt wird, daß der Sonnengott am Morgen als Kind aus den Wassern aufsteigt und am Abend als Greis wieder in ihnen versinkt, so wird damit ausdrücklich das Bild des aufgehenden und ordnenden Lichts mit dem Entwicklungs- und Reifeprozeß des Menschen gleichgesetzt. Durch die Möglichkeit, dieses Bild in den geistig-seelischen Bereich zu übertragen, fühlte sich jeder Mensch von ihm angesprochen; und sein starker ethischer Anspruch machte es zu einem Leitbild für jedermann. Auch wir können heute noch den Mythos so lesen: Die dunklen, ungeordneten Kräfte des Unbewußten müssen immer wieder neu von der geistigen Klarheit des Bewußtseins erhellt und geordnet werden, um sie an ihrer zerstörerischen – nach außen oder auch nach innen, gegen sich selbst gerichteten – Wirkung zu hindern. Die heutige Psychologie hat das Wasser als eines der häufigsten Bilder für das Unbewußte erkannt – wir wollen in einem späteren Kapitel noch darauf eingehen.

Die Vorstellung des täglich neu zu vollziehenden ordnenden Schöpfungsvorgangs hat allerdings im alten Ägypten in erster Linie die politische Rolle und Aufgabe des gottähnlichen Herrschers in eindeutiger Weise bestimmt und über viele Jahrhunderte stabil gehalten. Doch hat das Bedürfnis nach ordnender Klarheit weit in das geistige Leben hinein gewirkt. Und in der gesamten Kultur kann man ein Vorherrschen des Interesses für allgemeine Gesetzmäßigkeiten und formale Vollendung erkennen, während das spontane, individuelle Erlebnis in den Überlieferungen kaum enthalten ist.

Bemerkenswert ist, daß hier ein natürlicher, vom Menschen abgelöster Vorgang zum Prinzip der Schöpfung erhoben und damit sein Wirkungsbereich bis hin in das politische und geistig-seelische Leben der Menschen ausgeweitet wird. Das nächtliche Wasser wird zum Bild all der Mächte, von denen sich der Mensch bedroht fühlt. Das taghell erleuchtete Wasser aber wird zum Bild all der Kräfte, die durch ordnende Gestaltung schöpferisch tätig sind.

Gleichzeitig ist der Urozean Träger unserer Vorstellung von zeitlicher und räumlicher Unendlichkeit. Dem entspricht die spontane Empfindung von Überwältigung angesichts der Endlosigkeit der großen Meere. Sie ist das Erlebnis einer Ausdehnung, die alles menschliche Maß übersteigt und daher göttlich genannt wird. Sie ist das Ahnen einer Macht, die jenseits unserer Vorstellungen von Raum und Zeit wirkt, so daß wir in diesem Bild des alles erfüllenden Wassers nicht nur das Urbild des Beginns sehen, sondern ebenso häufig das einer Endzeit. Denn jenseits unserer Zeitvorstellungen verschmelzen Anfang und Ende. Davon zeugen die vielen Überlieferungen von Sintfluten, auf die wir später noch eingehen wollen.

Und noch in unserer Zeit, vor 150 Jahren, schrieb der Russe *Fjodor Tjutschew* die visionären Zeilen, in denen das Bild vom Ende der Welt wieder die Form des Urozeans annimmt:

Schlägt einst dem All der letzten Stunde Schrecken,
Stürzt alle Erdenform in Trümmern hin –
Die Wasser werden jede Sicht bedecken,
Und Gottes Antlitz spiegelt sich darin.

Das naturmythische Bild von der Entstehung des Kosmos durch Erhellung der Finsternis und Ordnung der chaotischen Urwasser steht neben anderen Vorstellungen, die sich mehr mit der Entstehung der Erde und des Lebens befassen. Auch diese Vorstellungen greifen in die frühesten Zeiten des Reiches zurück und sind als Motive keineswegs nur in Ägypten zu finden.

Da gibt es zunächst die Vorstellung, daß der Sonnengott als Falke aus einem Ur-Ei geschlüpft sei und dann durch Urzeugung die Götter hervorgebracht habe. »Der große Gakkerer« wird er genannt und verkörpert die männliche Zeugungsfähigkeit, die am Anfang des animalischen Lebens steht. In dieser Version ist die Herkunft des Bildes aus der Vogelwelt noch direkt greifbar. In anderen Kulturen aber, z. B. Griechenlands, wird das Ur-Ei mit dem Mond identifiziert und mit dem Urozean in Beziehung gebracht. Dadurch erfährt das Bild eine große Erweiterung und Abstraktion. Es erfaßt in gleicher Weise die Entstehung des Lebens wie auch die Entstehung des Kosmos. Das Leben aber wird nicht mehr so sehr auf die männliche Zeugungskraft zurückgeführt, sondern eher auf die weibliche Fruchtbarkeit, und

es wird eingebettet gesehen in die großen Kreisläufe der Natur (vgl. das Kapitel »Beziehungen zur Mondsymbolik«).

Neben dem Mythos vom Ur-Ei gab es im alten Ägypten eine Version von der Entstehung der Erde und ihrem Leben. Danach entstand die Erde als keimartige Ansammlung von Schlamm, die sich durch die Bewegung des Wassers bildete, langsam anwuchs zu einem Klumpen Lehm und weiter ansetzte und weiter wuchs, bis sie zu einem riesigen Hügel wurde, der herausragt aus dem Urozean, Insel inmitten der Fluten des Chaos. Dort aber, wo das Urgewässer Nun die Erde berührt, entstand das Leben: eine Lotosblume erblühte und trug in ihrem Kelch den Gott des Lebens in kindlicher Gestalt.

Auch bei diesem Bild sehen wir unschwer natürliche Vorgänge vor uns: jedes Jahr wird das Land vollständig vom Nil überschwemmt. Das Wasser scheint zunächst alles Leben zu vernichten, die Erde wird in eine Schlammflut verwandelt, Bild des Chaos. Erst unter dem

Einfluß der siegenden Sonne sinken die Wasser wieder. Einzelne Hügel werden sichtbar, die Erde ist durchfeuchtet, und neues Leben wächst aus ihr empor. Die Lotosblume könnte als Urpflanze stehen für jede Pflanze, die aus der so fruchtbar gewordenen Erde hervorwächst. Aber mit ihrer reichen, strahlenförmigen Blütenkrone steht sie auch als Symbol des gottgeschenkten Lebens selbst, das sich aus dem schlammigen Urgrund nährt und doch rein und strahlend über die Fluten der ungeordneten Wasser erhebt, selber Ebenbild der Sonne, die über das Chaos siegt.

Die Vorstellung der Entstehung des Lebens aus einer Zusammenballung und keimartigen Ansammlung von Materie im Wasser hat in einer abstrakten Form durchaus seine Gültigkeit auch noch in unserer Zeit (man vergleiche damit die heutige Theorie der Entstehung des Lebens, die im Schlußteil erwähnt wird). Und so hat *Jacques Lacarrière* die abstrakten Teile der ägyptischen Mythologie in einer poetischen Meditation für uns neu und vorstellbar formuliert. Er nennt sie »Sure der ersten Welt« und spielt damit bewußt auf die klangvollen Lieder des Korans an.

Obwohl das Motiv vom aufkeimenden Erdklumpen in den Urwassern in spezifischer Weise von den jahreszeitlichen Überschwemmungen der Nilländer inspiriert zu sein scheint, ist es – wie Mircea Eliade versichert – ein sehr altes und weit verbreitetes Motiv. Ihm kommt eine ähnlich grundlegende Bedeutung zu wie dem Motiv des »kosmogonischen Tauchens«, das ebenso von einem Urozean ausgeht. Es ist über die ganze Welt verbreitet und hat in zahlreichen Mythen bis in neuere Zeit hinein farbige Ausschmückungen, Veränderungen und Umdeutungen erfahren. Aus dem

Die Entstehung

Im Anfang nichts oder fast nichts.
Ein schwer zu definierender Zustand der Materie,
Denn alles ist noch verborgen.
Und zuerst ist Nacht, eine Nacht ohne Tag,
Ohne die Denkmöglichkeit des Tages,
Ein Schwarz, das wesensgleich ist
Mit dem gerade noch Offenbaren,
Eine dichte Dunkelheit, bewegungslos,
Nicht-Farbe des Nicht-Seins.
Und in diesem Schwarz des Vor-der-Welt
Bewegt sich etwas, erzittert,
Eine Energie,
Nicht Feuer, nicht Luft, nicht Erde,
Ein Zustand wie kindliches Wasser.
Das ist Nun, der Urozean,
Endlos flüssige Nacht,
Die das Nichts des Vorher füllt.
Und im Innern dieses Meeres aus Finsternis
Bewegung,
Richtungen, Strömungen,
Die sich formen und vereinen,
Und nach und nach Verdichtungen schaffen,
Ballungen, Klumpen aus Nacht,
In deren Schoß ein Sein entsteht,
Aus sich selbst geboren,
Angeschwemmtes Kondensat,
Ein Wesen,
Erschienen und begriffen
Aus seinem eigenen Entstehungswillen,
Ein Wesen,
Das sich selbst erschaffen,
Der Erste,
Der die Welt hervorgebracht,
Göttliche Form des Namens Ptah –
Oder Amun oder Atum oder Rê,
Je nach dem Ort, an welchem er genannt wird.
Doch was bedeuten Orte und die Namen?
Wichtig ist allein etwas anderes,
Denn die Form, dies neu entstandene Wesen
Trägt schon das Bild des Menschen in sich.

reichen Material, das Eliade zusammengetragen hat, greife ich willkürlich die indischen Versionen heraus:

In der ältesten Fassung (Taittirîya Samhitâ) gab es zu Anbeginn die ursprünglichen Wasser, und Prajâpati, der »Herr der Geschöpfe«, bewegte sich wie der Wind über den Wellen. Da sah er die Erde am Grunde der Wasser, verwandelte sich in einen Eber, tauchte hinab und hob die Erde empor. In dem späteren Râmâyana ist es Brahmâ, der hinabtaucht, und im Vishnu-Purâna, in dem Brahmâ und Vishnu zu einer Gestalt zusammengeschmolzen sind, fällt diese Aufgabe Vishnu zu.

In den Versionen anderer Völker tauchen andere Tiere, meist Vögel, insbesondere Entenvögel, aber auch Schalentiere, z. B. eine Schildkröte, oder Insekten, z. B. Käfer auf. Sie alle bringen oft nur eine winzige Spur von Erde an die Oberfläche des Urwassers, die dann in einem gewaltigen Wachstum sich zu unserem Erdball ausdehnt. Bei vielen Völkern ist das Tauchen mit großen Gefahren verbunden und gelingt erst beim dritten Versuch. Und in vielen Versionen, insbesondere aus Nordamerika, wird die alle Vorstellung übersteigende Tiefe der Wasser hervorgehoben durch die Länge der Tauchfahrt, die bis zu sechs Jahren dauern kann.

Eliade und andere zählen dieses Motiv zu den ältesten uns bekannten Mythen. Sie vermuten seine Ursprünge in der paläolithischen Kultur, bei den Jägern, Fischern und Sammlern Nordasiens. Seine Wanderung nach Nordamerika muß dann mit den ältesten Bewegungen der neolithischen Kulturen in der Mitte des 3. Jahrtausends stattgefunden haben.

Entgegen der Erwartung ist dieses Motiv, das einen Urozean voraussetzt, nicht so sehr bei Seevölkern nachzuweisen, sondern hat sich am stärksten bei kontinentalen Völkern verbreitet. Das heißt, daß die Entstehung solcher mythischer Bilder nicht ohne weiteres aus landschaftlichen Gegebenheiten hergeleitet werden kann. Wir vermuten vielmehr, daß die existenzbestimmenden Erfahrungen und Tätigkeiten der Menschen im Umgang mit der halb freundlichen, halb feindlichen Natur den Kern der Mythen bilden, in greifbare Bilder projiziert werden und dort eine Ausweitung und Überhöhung erfahren, die den Menschen über sich hinauswachsen lassen und in ein größeres Sinngefüge einbetten.

Die Vorstellung eines Sonnengottes, der auf einer Barke aus den Urwassern auftaucht, tags über das Himmelsgewölbe und nachts durch die Tiefen der Unterwelt fährt, kann nur von einem seefahrenden Volk geprägt worden sein. Dagegen die Vorstellung, daß die Erde unter großen Schwierigkeiten aus den Tiefen des Urozeans gefischt worden und dann zu ihren wahrnehmbaren, immensen Ausmaßen angewachsen sei, spiegelt die Hoffnungen und Befürchtungen wider von Menschen, die zu einem wesentlichen Teil vom Fischfang leben. Und wenn die Binnenseen auch in ihrer Ausdehnung nicht zur Vorstellung unendlicher Dimensionen inspirieren, so ist es doch ihre unerforschliche Tiefe, die Räume göttlichen Ausmaßes erahnen läßt.

NEBEN DER ALTÄGYPTISCHEN Lehre
vom Sonnengott Rê, die ihr Wirkungszentrum
in Heliopolis sah, entwickelte sich weiter süd-
lich, in Hermopolis, ein völlig anderes System
und gewann von dort aus im Ersten Zwischenreich Bedeutung für ganz Ägypten. Es ging
auch aus vom Urozean Nun. Doch wird das
Entstehen des Kosmos nicht mehr als ein göttli-
cher Schöpfungsakt beschrieben, sondern als
eine Differenzierung des Urstoffes und als eine
Fortzeugung. Zu dem männlichen Urozean
Nun gesellte sich seine weibliche Entsprechung Naunet, mit der man »den unterhalb des
Urgewässers sich erstreckenden Gegenhimmel
bezeichnete« (Morenz). Beide zeugten miteinander drei weitere Götterpaare. Die ersten beiden stellen die gestaltgewordenen Charakteri-
stika des uranfänglichen Chaos dar: Huh und
Hauhet bedeuten die Unendlichkeit, Kuk und
Kauket die Finsternis. Mit dem dritten Paar
aber wird diesen Gestalten ein wichtiges neues
Element hinzugefügt, die Luft, durch die das
Urgewässer in Bewegung gerät und das Entstehen der Welt mit ihrem Leben erst möglich
macht. Denn erst die Luft konnte den Urozean
so aufwühlen, daß sich in ihm der Urstoff zu
einem Klumpen ballte und aufwuchs aus den
Fluten dort, wo dann die Stadt Hermopolis
gegründet wurde – oder auch Heliopolis oder
andere, denn viele Orte sahen sich als das ursprüngliche Zentrum der Welt.

Zusammen bilden diese Gestalten eine feste,
untrennbare Einheit, die einfach »die Acht«
genannt wurde. Mit ihnen werden dem Bild des
Urwassers neben der Unendlichkeit und der
Dunkelheit des Chaos noch zwei Komponenten

hinzugefügt, die in vielen Schöpfungsmythen
von zentraler Bedeutung sind: seine Zeugungsfähigkeit oder Fruchtbarkeit und seine Verein-
heitlichung von Gegensätzen.

Der Beginn der Schöpfung als eine fortlau-
fende Zeugung durch einen männlichen und
einen weiblichen Urgott ist eine weitverbreitete
Vorstellung. Ihre häufigste Version ist die Vereinigung von Himmel und Erde, die dann
durch eines der gezeugten Kinder gewaltsam
getrennt werden. Dabei wird die Erde als weiblich gesehen und der Himmel als männlich. Als
naturmythischer Hintergrund zu dieser Vorstellung kann die »Befruchtung« der Erde
durch den vom Himmel fallenden Regen gesehen werden, die als Aufgabe so vielen himmlischen Vegetationsgöttern zukommt.

Wenn nun beide Teile des Urgötterpaares
Gestalten des Urozeans sind, so scheint hier
eine Abstraktion des Fruchtbarkeitsgedankens
stattgefunden und in dem Bild des Wassers
verdichtet worden zu sein. Das weibliche und
das männliche Prinzip stehen am Anfang der
Schöpfung, und ihre Vereinigung macht das
Entstehen der Welt erst möglich. Sie sind beide
als Götter vorgestellt, Idealbilder des Menschen, und doch sind sie gestaltlos und fließend.

Wasser ist nach unserer Vorstellung am ehesten die stoffliche Form, in der sich das Werden
manifestiert. Es ist der einzige Stoff, den wir
unter unseren Lebensbedingungen in großen
Mengen flüssig vorfinden, und bietet uns daher
ein Bild für alles, was wir als werdend und
vergehend, d. h. im Fluß befindlich, erleben. Es
ist greifbare Materie und hat doch keine eigene

Gestalt, sondern nimmt jeweils diejenige an, die ihm von außen – gestaltend – gegeben wird. Es ist fließend, doch hat es keine Richtung außer jeweils derjenigen, die ihm von außen gegeben wird. Daher ist es Urstoff all der möglichen Gestalten, die die Schöpfung annehmen kann. Vor allem aber trägt es schon das Bild des Menschen in sich, denn die Urgewässer sind Götter, und der Mensch ist ihnen ähnlich. Es trägt das Bild des Menschen in seiner göttlichen Urform – und wir wissen zudem, daß die Entwicklung jedes Menschen als Embryo im Wasser, d. h. im Fruchtwasser beginnt. So findet also in den Mythen, in denen das Urgötterpaar als Urgewässer vorgestellt ist, eine Ausweitung der mütterlich-weiblichen Fruchtbarkeit zu dem allgemeineren Gedanken fließenden Werdens statt. Tatsächlich ist dieser Prozeß wohl auch historisch so vollzogen worden.

Als Beispiel führen wir zunächst eine griechische Version der Schöpfung an, so wie sie Karl Kerényi aus den orphischen Fragmenten rekonstruiert hat: Da war am Anfang nur der schwarze Vogel Nacht und legte, vom Wind befruchtet, ein silbernes Ei in den großen Schoß der Dunkelheit. Aus diesem Ei trat Eros mit goldenen Flügeln, der Sohn des wehenden Windes und der Nacht, und machte sichtbar, was in dem Ei verborgen lag: die ganze Welt – ein Hohlraum oben und darunter das Andere. »Das Andere« aber waren (vermutlich) Okeanos, der schön Fließende, der zeugende Urstrom, und seine Schwester oder Gemahlin Thetys, empfangende Urwassergöttin. Sie waren die ersten, die die Macht des Eros spürten, und zeugten Söhne und Töchter in großer Zahl, die Titanen- und Göttergeschlechter.

Die Bedeutung dieser Version für die griechische Religion ist umstritten, da sie wegen ihrer bruchstückhaften Überlieferung weniger ins Auge tritt als die literarisch geschlossene Theogonie Hesiods oder auch die Darstellungen bei Homer. Im Zusammenhang mit der Symbolik des Wassers aber ist sie dennoch interessant, weil sie die Verbindung zu dem Motiv des Ur-Eis herstellt, das vom Wind befruchtet wird.

Eine andere, vermutlich noch ältere Version ist von Robert Graves rekonstruiert worden. Sie stammt wohl aus der Zeit der Pelasger, der vorindoeuropäischen Bewohner Griechenlands. Dort war es Eurynomia, die Göttin aller Dinge und Verkörperung des Mondes, die als Taube durch die Nacht flog und, vom Wind befruchtet, das Ur-Ei in die Wogen des uranfänglichen Wassers legte. – So wird an dieser Stelle die enge Verbindung zwischen der Symbolik des Wassers und der des Mondes deutlich. Wir wollen später noch darauf eingehen.

Diese alten, bruchstückhaften Überlieferungen sind von der geschlossenen Theogonie Hesiods verdrängt worden. Doch ist die Dichtung Hesiods im Vergleich mit ihnen relativ jung und läßt ältere Vorbilder vermuten. Das Motiv des Götterkampfes um die Vorherrschaft, das in der Theogonie Hesiods einen breiten Raum einnimmt, ehe Zeus als oberster aller Götter anerkannt wird, findet seine Entsprechungen in den Mythen der Hethiter und Phönizier, die ihrerseits sicher Einflüsse aus babylonisch-assyrischer Tradition aufgenommen haben. Es ist anzunehmen, daß Hesiod diese Quellen gekannt hat. In der bei weitem älteren Vorlage aus Mesopotamien aber ist das Urgötterpaar auch eine weibliche und eine männliche Personifizierung des Urwassers.

Im babylonischen Schöpfungsmythos Enuma elish gab es zu Anfang nur die ungeordneten Wasser des Urozeans. In ihnen aber konnten Tiâmat, das salzige Meer, und Apsû, der unter der Erde liegende Süßwasserozean, Ursprung aller Quellen und Brunnen, unterschieden werden. Aus ihrer Verbindung entstanden die Götter und alles, was nach ihnen kommen sollte. Bald aber entbrannte ein Kampf zwischen dem Urgötterpaar und seinen Nachkommen. Apsû wurde getötet, und auf seinem Leichnam schlug der junge Gott Ea, der »Gewaltige an Weisheit, der alles versteht«, seine Wohnung auf: der Gott der Weisheit herrschte von nun an über die Quellen und Brunnen der Erde. Tiâmat aber, die Mutter der salzigen Wasser, erschien darauf als Göttin unheilvoller Tiefen: sie brachte Meeresungeheuer und alle erdenklichen Schrecknisse hervor, um den Tod ihres Gemahls zu rächen. Allein auch sie wurde von einem ihrer Söhne besiegt, von dem weisen Gott Marduk, Gott der Sonne und des Frühlings, dem auch die Winde gehorchen. Aus ihrem Leichnam schuf er die Welt und den Himmel darüber.

Der Kampf mit dem Sieg der Götter Ea und Marduk mag als Hintergrund das politisch-historische Geschehen haben. Denn indem die Akkader die Sumerer besiegten, übernahmen sie zwar deren Urgötter, gaben ihnen aber neue Namen: Enki, der sumerische Gott der Erde, die auf dem Wasser ruht, wurde zu Ea, und Enlil, der sumerische Gott des Himmels und aller atmosphärischer Erscheinungen, wurde zu Marduk. Es bietet sich aber daneben eine Vertiefung des Verständnisses durch eine tiefenpsychologische Interpretation im Zusammenhang mit der Symbolik des Wassers an. Wir werden im letzten Teil dieses Buches darauf eingehen.

Neu in diesem Zusammenhang ist die Doppelnatur der großen Göttin Tiâmat als Erzeuge-

rin und Zerstörerin. Sie bezeichnet eine Ambivalenz, die dem Wasser innewohnt, so daß die Mythen von der Schöpfung aus dem Wasser vielfach von Mythen einer Sintflut begleitet sind. Sie bezeichnet aber auch eine Ambivalenz, die dem Mütterlichen beigegeben ist, so daß die Große Mutter nicht nur als die göttliche Gebärerin, sondern auch als Todesgöttin erscheint. Und letzten Endes entspricht sie einer grundlegenden Erfahrung des Menschen von der Ambivalenz jeder natürlichen Erscheinung.

Der Schöpfungsmythos des Enuma elish scheint eine vollkommene Verschmelzung akkadischer und sumerischer Traditionen darzustellen. Die Sumerer entwickelten im 3. Jahrtausend die erste große Kultur im Zweistromland. In den überlieferten Texten ist keine geschlossene Kosmogonie zu finden. Aber aus zahlreichen Anspielungen und Bruchstücken lassen sich einige wesentliche Vorstellungen finden, von denen wir nur die in unserem Zusammenhang wichtigen herausgreifen wollen:

Im Anfang war die Große Mutter Nammu –

eine Personifikation der Urgewässer, denn ihr Name wird mit dem Zeichen des Urozeans dargestellt. Sie brachte Himmel und Erde und mit ihnen das männliche und das weibliche Prinzip hervor und »die Urahnin, die alle Götter gebar«. An, der Himmel, und Ki, die Erde, die ununterscheidbar in Heiliger Hochzeit (hieros gamos) vereint waren, brachten Enlil hervor, den Gott der Feuchtigkeit und aller atmosphärischer Erscheinungen. Er trennte seine Eltern, hob An empor und vereinigte sich von nun an selbst mit der Erde.

Hier, in dieser ältesten Quelle, hat ganz offenbar die Idee der Fruchtbarkeit und Zeugungsfähigkeit, die sich in der Aufgliederung des Urozeans in männliches und weibliches Prinzip zeigt, ihren Ursprung in der Großen Mutter. Tatsächlich haben zahlreiche Funde aus dem anatolischen Gebiet gezeigt, daß in prähistorischer Zeit dort die Große Mutter verehrt wurde. Viele Tonfiguren stellen sie in Hockstellung dar, mit übergroßen Brüsten und von einer Taube begleitet – Bild der gebärenden und nährenden Allmutter, deren Macht bis zu den Vögeln des Himmels reicht. Wenn hier aber die Große Mutter Nammu nicht mehr anthropomorph, sondern als Urgewässer gedacht ist, so liegt dieser Veränderung vermutlich die allgemeine, auf die gesamte Natur ausgedehnte Erkenntnis zugrunde, daß Leben dort entsteht, wo Wasser vorhanden ist, ja, daß das Wasser eine Grundbedingung für Fruchtbarkeit darstellt.

In vielen Mythen von Naturvölkern, die nicht auf das Bild des Urozeans zurückgehen, gebiert dennoch eine Große Mutter die Quellen und Flüsse der Erde (z. B. Karibik). Manchmal werden die Wasser gleichgesetzt mit dem Fruchtwasser der Allmutter (Uganda), oder sie entspringen ihren nährenden Brüsten (Nigeria). Oder es wird von der uralten Wasserfrau erzählt, die am Grunde des Meeres lebt und die Mutter ist von allem Seegetier, das Grundlage des Lebens, z. B. der Eskimos, bildet.

Wenn aber die Große Mutter nicht mehr vorrangig anthropomorph als Allgebärerin oder Allernährerin gesehen wird, sondern ihre ursprüngliche Kraft mütterlicher Fruchtbarkeit in dem Bild eines alles erfüllenden Wassers wiedergegeben wird, so ist hier zweifellos die Vorstellung einer ersten großen Allgeburt von dem Wissen des vorgeburtlichen Werdens im Wasser überlagert worden. Noch weiter abstrahiert und vollständig abgelöst von dem Gedanken der Fruchtbarkeit findet sich diese Erkenntnis wieder in den Philosophien des Hinduismus und des Taoismus, die um den Begriff einer allgemeinen, grundlegenden Lebenskraft im Bild des Wassers kreisen. Wir wollen später noch darauf eingehen.

Eine ungeheure geistige Erweiterung erfährt das Bild des Uranfangs aber schon, wenn die Große Mutter mit dem Urozean identifiziert wird, da der ursprünglichen Idee einer allernährenden Fruchtbarkeit die Ahnungen räumlicher und zeitlicher Unendlichkeit beigegeben sind, und weil das Bild die Aufgliederung in die polaren Prinzipien weiblich – männlich ermöglicht.

DIE URFORM, für die das Bild des Urozeans steht, ist das Chaos. Das bewegte Wasser vermittelt dabei den Eindruck ungeordneter Fülle widerstreitender Elemente – so wird auch in der Umgangssprache das Wort noch verwendet. Ursprünglich bedeutete der Begriff »Chaos« in der griechischen Mythologie einfach »gähnende Leere«; daneben aber auch das Gemisch, in dem alle Elemente zusammengeschmolzen sind, das Eine, in dem noch nichts geschieden ist. Diese Scheidung nun, diese Unterscheidung, ist der Akt der Schöpfung.

Wir sahen bisher die Scheidung des anfänglichen Elements in ein weibliches und ein männliches Prinzip, so daß sich die Entstehung der Welt als eine Fortzeugung vollzog. Daneben aber zeigten wir den Schöpfungsvorgang, wie er im alten Ägypten gesehen wurde: als ein naturmythisches System, in dem der Sonnengott Rê aus dem finsteren Urozean aufstieg und damit Ordnung in dem sonst Ungeordneten ausbreitete.

Im ersten Schöpfungsbericht der Genesis, die sehr viel jünger zu sein scheint als die bisher besprochenen Texte, wird nun der Schöpfungsakt ausdrücklich als ein Akt der Scheidung oder Unterscheidung vollzogen. In diesem Zusammenhang erscheint die Erschaffung des Lichts durch das Wort, mit der die Schöpfung beginnt, aller naturmythischen Züge enthoben und nur noch in seiner geistigen Bedeutung.

Der Text beginnt mit der Darstellung des uranfänglichen Chaos im Bild des Wassers: »Im Anfang schuf Gott Himmel und Erde. Und die Erde war wüst und leer, und es war finster auf der Tiefe, und der Geist Gottes schwebte auf dem Wasser.« Dann aber schuf Gott das Licht, den Gegenspieler des Chaos, das die Finsternis erhellt und der Nacht den Tag gegenüberstellt. Kein Kampf wie etwa in der ägyptischen Mythologie, wo der Sonnengott Rê die Schlange Apophis verdrängt; oder wie im babylonischen Schöpfungsepos, in dem Marduk, der auch »Sonnenkind! Das Götter-Sonnenkind« genannt wird (Zitat bei v. Weizsäker), das chaotische Ungeheuer Tiâmat besiegt. Dabei sind im Alten Testament durchaus Stellen zu finden, die besagen, daß Gott seinen Widersacher in Form der Meeresschlange Rahab (Hiob 26,12/13) oder des Chaosdrachens Leviathan (Psalm 74,13; Jes 27,1) besiegt habe. Wenn der Verfasser dieses ersten Schöpfungsberichts nicht von einem Kampf spricht, so bedeutet das einen ausdrücklichen Verzicht auf das Element der Gewalttätigkeit. Gleichzeitig aber bedeutet es eine Reduktion der Schöpfungsgeschichte von aller erzählerischen Anschaulichkeit auf die wenigen Elemente, die den Schöpfungsakt als einen geistigen Vorgang bezeichnen.

Mit der Erschaffung des Lichts durch das Wort war das geistige Ordnungsprinzip etabliert, mit dessen Hilfe aus dem anfänglichen Chaos eine gegliederte Welt entstehen konnte: nämlich die Trennung in gegensätzliche, einander bedingende Polaritäten. Gott machte danach »eine Feste zwischen den Wassern und schied die Wasser unter der Feste von den Wassern über der Feste. Und Gott nannte die Feste Himmel.« So war nach der geistigen Ordnung nun auch die räumliche Ordnung – das Oben und Unten – etabliert. Damit aber war der Raum des Kosmos erschaffen, in dem sich die Fülle aller Erscheinungen frei entfalten konnte – eine Fülle, die in dem uranfänglichen Chaos schon enthalten war, die aber nur der schöpferische Geist im Wasser auch erkennen und zur Entfaltung bringen konnte. Die folgenden Verse evozieren den Reichtum unserer Welt als Gottes Schöpfung.

In dieser abstrakten, vergeistigten Form ist der Schöpfungsakt Bild für jeden Vorgang geistiger Schöpfung. In der Sprache der Psycholo-

Beginns nach mit seinem Gedicht »Trunkene Flut«, in dem er die Macht zu erreichen sucht, die das ganze Universum in seiner zeitlichen und geistigen Ausdehnung und in seiner räumlichen Fülle umspannt. Er nennt sie nicht Gott, sondern »Absolut« und fühlt sich in seiner Aussage sicher keiner spezifischen Religion verpflichtet. Vielmehr geht es in dem Gedicht um das Erfassen des Schöpfungsvorgangs sowohl als Kosmogonie, als auch als Akt der geistigkünstlerischen Kreation.

Trunkene Flut,
trance- und traumgefleckt,
o Absolut,
das meine Stirne deckt,
um das ich ringe,
aus dem der Preis
der tiefen Dinge,
die die Seele weiß.

in Sternenfieber,
das nie ein Auge maß,
Nächte, Lieber,
daß man des Tods vergaß,
im Zeiten-Einen,
im Schöpfungsschrei
kommt das Vereinen,
nimmt hin – vorbei.

dann du alleine
nach großer Nacht,
Korn und Weine,
dargebracht,

die Wälder nieder,
die Hörner leer,
zu Gräbern wieder
steigt Demeter,

dir noch im Rücken,
im Knochenbau,
dann ein Entzücken,
ein Golf aus Blau,
von Tränen alt,
aus Not und Gebrest
eine Schöpfergestalt,
die uns leben läßt,

die viel gelitten,
die vieles sah,
immer in Schritten
dem Ufer nah
der trunkenen Flut,
die die Seele deckt
groß wie der Fingerhut
sommers die Berge fleckt.

gie wird das Wasser als Symbol für die ungeordnete Fülle des Unbewußten angesehen. Jeder schöpferische Akt aber ordnet die Kräfte des Unbewußten, indem er Bilder formt und damit diesen Kräften Ausdruck und lebendige Wirksamkeit verleiht. *Gottfried Benn* vollzieht in diesem Sinne den schöpferischen Akt des

Zum besseren Verständnis wollen wir hier statt einer ausführlichen Interpretation – die bei diesem komplexen Gedicht zu weit führen würde – nur die verschiedenen Stationen nachzeichnen, die den Vollzug des Schöpfungsaktes implizieren.

Am Anfang Chaos und Fülle wie im diffusen

Zustand der Trunkenheit. Die Wogen der Flut bemächtigen sich aller Sinne und dringen in Traum und Trance tief in die Seele ein mit der Macht eines Absoluten, das dem Verstand nicht mehr faßbar ist. Der Künstler aber will es begreifen, ringt mit seinen Worten um dieses Absolute, denn er weiß von ihm, auch wenn das Wissen noch in seiner Seele tief verborgen ist.

In diesem Ringen, das den schöpferischen Akt bezeichnet, entsteht ein Bild, das in lauter Assoziationen und Gegensätzen die Fülle des Lebens aufspannt. Die Weite des Sternenhimmels, die die Enge des Todes überwindet, erinnert an den ersten Akt der Schöpfung, mit dem das Licht gegen die Finsternis gesetzt und den Sternen ihre Bahn gegeben wird – wie im ägyptischen Schöpfungsmythos. Der »Schöpfungsschrei«, in dem die Zeiten eins werden, weil er gleichermaßen Geburtsschrei und Todesschrei ist oder Schrei der Lust beim Vereinen, läßt die Bilder all der Kosmogonien anklingen, die die Schöpfung als Fortzeugung beschreiben. Gleichzeitig aber wird hier von der kosmologischen auf die menschliche Ebene übergeleitet. Der nächste Schritt der Schöpfung ist vollzogen: die Erschaffung des Menschen. Aber er ist überblendet von dem Erlebnis, das Benn immer wieder in Gedichten und Briefen formuliert hat: nach der glücklichen Vereinigung mit einer Frau sich allein zu fühlen und ausgesetzt der letzten, alles umfassenden Macht, die er »absolut« nennt.

Die Fülle der Welt breitet Benn dann vor den Augen des neu erschaffenen Menschen aus – oder auch des Lesers, der mit »du« angeredet wird – als eine Folge von Bildern, in denen positive und negative Wertigkeiten sich abwechseln und zu einem spannungsvollen Einen ergänzen. Dem Überfluß, den die Erde spendet – Korn, Wein und Wälder – ist die Vision von Gräbern und Skeletten (»im Knochenbau«) entgegengesetzt. Die Schönheit des Golfes gemahnt an Leid und Not, die zur Welt dazugehören, und die durch den Schöpfer in der Gestalt des leidenden Erlösers überwunden wurden.

Keine klaren Sätze, kein grammatisches Gerüst, sondern ein Bild führt in das andere über wie die Wellenbewegung auf dem Wasser. Benn entwirft das große Bild einer Woge, die in sich selbst zurückkehrt als Kreislauf des Lebens: in den Urgewässern, in der trunkenen Flut, nimmt sie ihren Anfang mit dem Vereinen im Schöpfungsschrei, wächst auf zur Fülle irdischen Lebens, bringt alle Früchte dar und leert sich damit aus, um – wie Demeter – wieder hinabzusteigen in das Reich des Todes, über das hinaus der Schöpfer, der selber gelitten hat, neues Leben schenkt (»eine Schöpfergestalt, die uns leben läßt«) – so daß die Woge zurückführt in die trunkenen Fluten des Beginns und doch ein Bild des blühenden, erfüllten Lebens übrigläßt:

> »groß wie der Fingerhut
> sommers die Berge fleckt«.

Die Scheidung in Polaritäten, die Teil des Schöpfungsaktes ist, greift im jüdischen und gesamten westlichen Denken in jeden Bereich, bis hinein in die ethischen Vorstellungen, wo das Gute dem Bösen gegenübergestellt ist. Und wenn in der Genesis auch nicht vom Kampf des Lichts gegen die Finsternis gesprochen wird, so bleibt dieser Kampf doch gegenwärtig durch die notwendige Überwindung des Bösen.

Die gegensätzlichen Prinzipien sind durch Auftrennung des ursprünglich Einen entstanden und wirken tatsächlich getrennt voneinander, wenn nicht sogar gegeneinander. Allerdings wird in der christlichen Religion durch die Figur des Christus eine neue Einheit der Gegensätze geschaffen, indem der Tod – die Antinomie des Lebens – gerade durch seine Annahme überwunden wird.

Das Denken in Antinomien ist spezifisch für unsere westliche Welt und unterscheidet sich dadurch wesentlich vom östlichen Denken, insbesondere dem chinesischen. Auch dem chinesischen Denken liegt eine dualistische Aufgliederung zugrunde, doch nicht in Form von Antinomien, sondern eher in Form von Alternativen, die Teil eines Ganzen sind und sich gegenseitig bedingen.

Aufschluß über den Unterschied im Denken gibt einer der wenigen Schöpfungsmythen, die in China überliefert sind. Die Chinesen haben sich offensichtlich weniger für die Frage interessiert, woher die Welt kommt, als vielmehr für die Frage, wie sie beschaffen ist. Daher sind kaum Weltentstehungsmythen vorhanden, wohl aber mythische Weltbilder.

Ein solches Weltbild beschreibt den Kosmos als ein Ei, dessen obere Hälfte den Himmel bildet, dessen untere Hälfte aber von dem Urozean ausgefüllt ist, auf dem die Erde schwimmt. Ein anderes sieht den gesamten Kosmos wie einen Wagen. Der Himmel schwebt als ein halbkugelförmiger, sich drehender Baldachin über dem ruhenden, quadratischen Erdkasten, der an allen vier Seiten wiederum von Ozeanen umspült wird. Der letzteren Vorstellung entspricht ein Mythos, der bei Chuang-tzu (VII, 7) etwa im 4. Jahrhundert v. Chr. verzeichnet ist, und den wir als Ur-

sprungs- oder Schöpfungsmythe ansehen. Diese Mythe geht sicherlich auf sehr viel ältere Vorstellungen zurück und hat bei Chuang-tzu nur seine für das komplementäre Denken der Chinesen so charakteristische Ausprägung erfahren:

Hu, der Herr des nördlichen Meeres, und Shu, der Herr des südlichen Meeres, trafen sich beim Herrn der Mitte, Hun-tun. Sein Name wird von Richard Wilhelm mit dem »Unbewußten« übersetzt. Er bedeutet aber soviel wie das uranfängliche Chaos, d. h. das anfänglich Ungetrennte – ohne dabei aber die Komponente des Ungeordneten zu enthalten.

Da Hun-tun die beiden Herren mit aller Gastfreundschaft aufnahm, wollten sie ihm etwas Gutes tun. Es fehlten ihm die sieben Öffnungen der Menschen zum Sehen, Hören, Essen und Atmen – d. h. es war in ihm finster, lautlos und leblos. Da beschlossen die Herren des südlichen und des nördlichen Meeres, ihm diese Öffnungen zu bohren; und sie bohrten ihm jeden Tag eine. Am siebten Tage aber war Hun-tun, das Chaos, tot, und – so wagen wir hinzuzufügen – die Welt hatte zu leben begonnen. Interessant dabei ist, daß die Namen der beiden Herren der Wasser zusammengenommen Hu-Shu ergeben, was so viel bedeutet wie »leuchtender Blitz«.

Wenn vielleicht auch die Interpretation der allegorischen Erzählung als Ursprungs- oder Schöpfungsmythe etwas überinterpretiert erscheinen mag, so haben wir es doch zweifellos auch hier mit der Ordnung des uranfänglichen Chaos durch das Licht zu tun. Diese Ordnung geschieht aber nicht als ein Besiegen oder Verdrängen der Finsternis, sondern als ein Eröffnen der verschiedenen Lebensquellen für den Menschen: der sichtbaren Welt, der Welt des

Klangs, der Möglichkeiten der Ernährung und des Lebenshauchs, des Atems. Dieses Eröffnen aber geschieht durch Zusammenwirken zweier entgegengesetzter Urkräfte, die nur gemeinsam das Licht bilden.

Die zwei Urkräfte sind durchaus verschieden von dem weiblichen und männlichen Prinzip, in das sich in anderen Mythologien die Urwasser gliedern. Wenn eine geschlechtliche Unterscheidung ihnen zwar auch entspricht, so sind hier die Urwasser doch nur den entgegengesetzten Himmelsrichtungen zugeordnet. Dadurch ist die Vorstellung der Schöpfung als Zeugung ausgeschlossen, vielmehr wird eine ursprüngliche Ordnung des Kosmos durch Zusammenwirken entgegengesetzter Kräfte veranschaulicht.

Die Gliederung der Welt in zwei entgegengesetzte, aber zusammenwirkende Urkräfte ist sehr viel älter als der Text von Chuang-tzu und hat, mit den Begriffen Yin und Yang, bis in die heutige Zeit das chinesische Denken bestimmt. Das Emblem für Yin und Yang ist der Kreis – Zeichen für die uranfängliche Vollkommenheit des Kosmos – ausgefüllt von zwei gleichgeformten, aber verschieden beleuchteten Wellen, einer hellen und einer dunklen. Oder man könnte in ihnen auch zwei ineinander verschlungene Schlangen sehen – ebenfalls Symbole der Urwasser – deren Auge mit dem Punkt angedeutet ist.

Damit wird der Kreis zum Zeichen für das T'ai Chi, die Grundbedingung allen Seins: ein uranfänglich Eines, das in Dunkel und Hell, Yin und Yang gegliedert ist und damit die Fülle aller Einzelerscheinungen in sich trägt. Die Gliederung aber ist dargestellt als zwei ineinander greifende Wellen oder aber als eine große Welle, die, hell beleuchtet, sich auftürmt

und in ihrem eigenen Schatten gegenläufig wieder in sich zurückschwingt.

Der Kreis veranschaulicht in gleicher Weise den Makrokosmos – die Ordnung der äußeren Welt – wie den Mikrokosmos – die Ordnung der inneren Welt des Menschen. Yin und Yang als die alles umfassenden Urkräfte gliedern daher ebenso die natürlichen Phänomene des Kosmos wie auch die inneren Vorgänge im Menschen. Mit diesen inneren Vorgängen sind dabei zunächst ganz konkret in einem für die Medizin relevanten Sinne der körperliche Aufbau und seine physiologischen Vorgänge gemeint. In einer späteren Zeit, in der dieses dualistische Weltbild mit dem philosophischen System der fünf Elemente zusammengefügt und in höchst differenzierter Weise ausgearbeitet wurde, umfaßten Yin und Yang auch die Gefühlsregungen wie Freude/Trauer oder ethische Vorstellungen wie Sittlichkeit/Rechtlichkeit. Die moralischen Vorstellungen von gut und böse aber blieben ihnen fremd. Denn Yin und Yang werden eben nicht als sich gegenseitig ausschließende Gegensätze aufgefaßt, sondern als zusammenwirkende Urkräfte, deren Beziehungsmuster in beständigem Wandel begriffen ist.

DIE THEORIE von der Gliederung der Welt und des Lebens in das Gegensatzpaar Yin und Yang hat eine erste und über lange Zeit sich erstreckende Ausarbeitung erfahren in dem I Ging, dem Buch der Wandlungen. Seine Entstehung wird in die Zeit der früheren Chou-Dynastie (ca. 1050–770 v. Chr.) zurückdatiert. Seine Erhaltung verdanken wir seiner Bedeutung als Orakelbuch.

Die so durchgreifende Bedeutung des dualistischen Denkens in der chinesischen Kultur geht zurück auf das weitreichende Wirken des Orakelwesens in der Shang-Dynastie, der ältesten, historisch bezeugten Dynastie Chinas (ca. 1500–1050 v. Chr.). Archäologische Funde haben große Mengen von Tierknochenteilen und Schildkrötenschalen ans Tageslicht befördert, in die Fragen an das Schicksal eingeritzt waren. Die Fragen waren jeweils so formuliert, daß sie die erwarteten Entscheidungen und Voraussagen auf die einfache Alternative ja – nein oder günstig – ungünstig reduzierten. Erst die Einführung des komplizierten Schafgarben-Orakels erlaubte eine sehr viel differenziertere Ausarbeitung von Entscheidungen und Voraussagen.

Die Komplexität des Orakels hat Anlaß zu zahlreichen Kommentaren gegeben, von denen wohl das Hsi-t'zu-chuan der älteste ist. Hier werden zum ersten Mal alle Orakelbilder eindeutig in ein umfassendes System komplementärer Prinzipien oder Kräfte eingefaßt und mit den Kreisläufen der Natur in Beziehung gesetzt. Hier werden auch zum ersten Mal die Begriffe Yin und Yang genannt mit der Bedeutung von dunkel und hell, die als sich gegenseitig bedingende Urkräfte das gesamte Dasein bestimmen: »Wenn die Sonne geht, so kommt der Mond. Wenn der Mond geht, so kommt die Sonne. Sonne und Mond wechseln sich ab, und so entsteht das Licht« (I Ging/Hsi-t'zu-chuang, V,2). Die Sonne ist das Helle, und der Mond ist das Dunkle. Und nur durch den Wechsel von hell und dunkel können wir überhaupt erkennen, was das Licht ist. Sonne aber ist yang, und Mond ist yin. So wird hier nicht nur gesagt, daß Yang und Yin sich gegenseitig bedingen, sondern außerdem wird diese Bedingung wie ein rhythmisches Wechselspiel oder ein Kreislauf gesehen.

Bild für den Kreislauf ist das Wasser: als Regen fällt es vom Himmel, sammelt sich unter der Erde, um Seen und Flüsse zu speisen, verdunstet und steigt wieder auf zum Himmel, um in Wolken neuen Regen zu bilden. Die Kenntnis des Wasserkreislaufs ist in China alt. Eine erste, noch naturmythisch anmutende Darstellung findet sich schon Ende des 4. Jahrhunderts v. Chr. in dem Buch des Meisters Chi Ni, wo es heißt: »Der Wind ist das ch'i des Himmels, und der Regen ist das ch'i der Erde. Der Wind bläst im Einklang mit den Jahreszeiten, und der Regen fällt mit dem Wind. So können wir sagen, daß das ch'i des Himmels zur Erde niederkommt und das ch'i der Erde aufsteigt zum Himmel« (nach J. Needham). Wenn auch die erste detaillierte und in naturwissenschaftlichem Sinne gültige Darstellung erst etwa aus dem Jahre 82 n. Chr. in dem Buch Lun Heng von Wang Ch'ung stammt, so zeigt sich doch in dem eben zitierten Text das tief liegende Bedürfnis der Chinesen, die natürlichen Erscheinungen als große, den ganzen Kosmos umspannende Kreisläufe zu sehen – was sie prädestinierte, als erste den Kreislauf des Wassers zu erkennen.

Da der Mond mit seinen verschiedenen Phasen ebenfalls Bild für einen solchen Kreislauf und vor allem für den Wandel in diesem Kreislauf ist, treten Mond und Wasser hier in eine enge Beziehung. Wir interpretierten das Zeichen für Yin und Yang als zwei ineinander zurückführende Wellen – es könnte aber ebenso gut als ein Abbild des einen unwandelbaren Mondes verstanden werden, der durch den Wechsel der Beleuchtung sich in abnehmenden oder zunehmenden Mond verwandelt.

Wasser und Mond werden beide der weiblichen Urkraft Yin zugeordnet. Damit entsteht hier ein großer Beziehungskomplex, der in den Mythologien vieler Kulturen wiedergefunden werden kann. Im Rigveda, der ältesten indischen Sammlung religiöser Hymnen, heißt es, der Mond sei »in den Wassern«. Und so wie in den chinesischen Mythen der Mond sich stets im westlichen Ozean erneuert, so erzählen z. B. auch die Naturmythen der Maori (Polynesien) davon, daß die dahinsiechende Mondgöttin regelmäßig ihren Leib erneuere durch ein Bad im Wasser des Lebens.

Wir sprachen schon davon, daß in dem pelasgischen Ursprungsmythos der Griechen Eurynomia, die Mondgöttin, es war, die den Anfang setzte, indem sie das Ur-Ei in die Wogen des anfänglichen Ozeans legte. In den späteren Texten des orphischen Mythos ist es ein silbernes Ei, das in den dunklen Schoß der Urnacht gelegt wird – und wir können dies ohne weiteres ansehen als ein anschauliches und ausdrucksstarkes Bild für den Mond am Himmel der uranfänglichen Nacht. Dafür spricht, daß

silbern oder weiß die Farben des Mondes sind (golden oder rot dagegen die der Sonne), und daß an anderer Stelle die Nacht eine dreifaltige Göttin genannt wird, diese Dreizahl aber wiederum als spezifisch für die drei Phasen des Mondes (neu, halb, voll) gilt. Ein anderes Bild für den Mond, auch aus orphischer Überlieferung, ist der Teich in einer Höhle des Himmels, dessen weißes Wasser in die Nacht hinaus quillt. An ihm leben die Moiren, die drei Töchter der Nacht, die auch als Schicksalsgöttinnen gefürchtet sind.

Die Vorstellung einer weiblichen Mondgöttin und ihre Verbindung zum Wasser stammen vermutlich noch aus prähistorischer Zeit, als der Wechsel des Mondes zusammen mit dem Wechsel der Jahreszeiten die erste Vorherbestimmung der richtigen Zeiten für die Jagd, das Sammeln von Früchten und Anbau und Ernte von Getreide ermöglichte. Dafür spricht z. B. die Zuordnung der Göttin des Mondes zur Göttin der Jagd oder ihre häufige Identifizierung mit einer Kuh (auch in unserm heutigen Sprachschatz gibt es noch das Mondkalb).

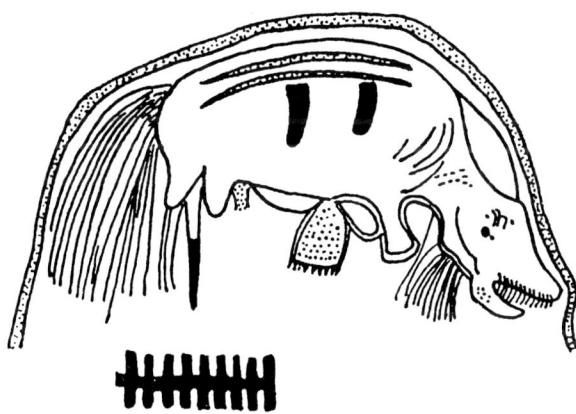

Die Mondgöttin galt in ihrer anschwellenden und abschwellenden Erscheinung als Bild der Fruchtbarkeit – Symbol für den anschwellenden und abschwellenden Leib der Großen Mutter, die immer wieder neu das Leben der Natur hervorbrachte. Und durch ihre stets sich erneuernde Gestalt galt sie als unwandelbar im ewigen Wandel der Erscheinungen und wurde so zur Trägerin des Ewigen Lebens. Ein spätes Relikt davon ist sogar noch in Bildern des Marienkults zu finden, wenn der Mutter Gottes der Mond beigegeben ist, häufig als Symbol ihrer Leibesfrucht Jesus Christus, Heilsbringer und Spender des Ewigen Lebens.

Die enge Beziehung zwischen Mond und Wasser gehört aber nicht nur in den mythischen Bereich. Heute ist genau bekannt, daß die Gezeiten, d. h. ein regelmäßiges, rhythmisches Schwanken des Meeresspiegels, durch die Anziehungskraft von Mond und Sonne verursacht werden. Die stärkere Kraft geht dabei vom Mond aus, der sich ja auch näher bei der Erde befindet, während die Sonne, je nach ihrer Stellung zum Mond, nur eine verstärkende oder aber abschwächende Wirkung auf den Tidenhub ausübt.

Der Wechsel von Niedrig- und Hochwasser, der gerade in Flußmündungen verstärkt auftritt, ist für die Schiffahrt von eminenter Wichtigkeit. Darum hat man sich schon in frühester Zeit durch systematische Beobachtungen um genaue Voraussagen bemüht. Die frühesten Kenntnisse über den Einfluß der Bewegungen des Mondes (und der Sonne) auf die Gezeiten sind wohl bei den Griechen zu finden. Schon im 1. Jahrhundert v. Chr. erschien die gültige Theorie über den Wechsel von Ebbe und Flut von Poseidonius von Apameia.

Da aber der Tidenhub im Mittelmeer relativ gering und seine Bedeutung für die angrenzenden Völker daher nicht so erheblich ist, wurden diese Kenntnisse in der nachgriechischen Zeit vergessen. Noch Galilei verwarf Keplers Theorie über den Einfluß des Mondes auf die Gezeiten als »astrologisch«, d. h. abergläubisch. Und erst mit den Erkenntnissen der klassischen Physik durch Newton konnte auch dieser Zusammenhang wieder neu verstanden werden.

In China aber bestand seit frühester Zeit ein kontinuierliches Interesse an dem Problem der Gezeiten. Der Tidenhub an der Küste des Pazifik ist beträchtlich (bis zu 3,5 Meter, z. B. an der Mündung des Yang-tze) und stellte daher schon immer eine erhebliche Erschwerung für die Schiffahrt und den Fischfang dar und eine Bedrohung für die Küstenbewohner. Schon in einem poetischen Text von Mei Sheng, der 140 v. Chr. gestorben ist, findet sich die Beobachtung, daß bei Vollmond eine besonders hohe Flut zu erwarten ist. Und in einem Text aus dem 1. Jahrhundert n. Chr. (Lu Heng von Wang Ch'ung) wird der Zusammenhang zwischen Ebbe und Flut und den Bewegungen des Mondes klar gesehen und gegen naturmythische Volkslegenden abgesetzt. Seit der Zeit gibt es eine Reihe von Arbeiten, die sich erfolgreich um ein genaueres Verständnis des Vorgangs bemühten. Doch bis in das 11. Jahrhundert hinein, als das Zusammenwirken von Sonne und Mond bereits klar erkannt war, wird die vorrangige Wirkung des Mondes auf das Wasser mit der großen Naturkraft Yin begründet, der Wasser und Mond gleichermaßen angehören (vgl. J. Needham).

Über diese Kenntnisse hinaus ist die symbolhaltige Zusammengehörigkeit von Mond und Wasser im chinesischen Denken auch heute noch so gegenwärtig, daß man z. B. auf der »Insel der vier Ozeane« im Westsee von Hangzhou eine Tafel findet, die den Touristen auffordert, bei den Wassern zu verweilen und sich in den Anblick des gespiegelten Mondes zu vertiefen. Man muß wissen, daß Mond und Wasser, beide, grundlegende Symbole für den Wandel in allem Seienden und für den Kreislauf des Lebens sind, und daß der ruhig gespiegelte Mond im Wasser ein Bild für das ewige, unwandelbare Gesetz ist, weil er die Urkräfte Yang und Yin von Himmel und Erde vereint.

Mit diesem Wissen gewinnt man einen Schlüssel zum Verständnis chinesischer Landschaftsmalerei und Naturlyrik:

Grüner Wildbach – Klar der Quelle Wasser
Kalter Berg – Weiß des Mondes Hof
Schweigende Erkenntnis, der Geist von selbst erleuchtet
Die Leere schauend, geht Wahn in Stille über.

Han Shan Shi heißt die Sammlung, in der diese Verse stehen. Über das Leben des Dichters weiß man fast nichts. Vermutlich lebte er in der Mitte des 7. Jahrhunderts und hatte sich, auf der Suche nach der letzten Wahrheit, aus dem weltlichen Treiben, »der Welt des Wahns«, auf einen der Gipfel des T'ien Tai Gebirges zurückgezogen, der Kalter Berg = Han Shan hieß.
Das Gedicht ist ein sparsames Aquarell, eine Abbildung der Natur, aus den allernotwendigsten Einzelteilen zusammengesetzt: Wasser – Berg – Mond, und nur die besondere Art der Zusammenfügung führt zu einer Erkenntnis, die Stille vermittelt. Der Wildbach (1. Teil) ist ein fließendes Gewässer, immer in Bewegung, immer in Wandlung. Er ist Bild für alle Abläufe in der Natur: Tag und Nacht, Geburt und Tod, Werden und Vergehen. Wer diesen Gedanken einmal erkannt hat, richtet seinen Blick von der

vorüberfließenden Vielfalt der Einzeldinge fort auf die Quelle dieser Einzelerscheinungen (2. Teil), auf das unwandelbare Gesetz, das allem Wandel innewohnt. Ist man an der Quelle angelangt, offenbart sich dieses Gesetz in voller Klarheit, mächtig und beständig. Der Berg (3. Teil) ist Bild dieser Beständigkeit, die die wechselnden Zeiten überdauert und sich aus der Vielfalt der Einzeldinge erhebt. Das Gesetz heißt nicht Willkür, sinnloses Ineinander-Übergehen aller Formen, wie es sich im wild sprudelnden Bach zeigt, sondern ewige Wiederkehr, die in sich selbst zurückführt wie der Kreislauf des Mondes (4. Teil), der zunimmt, voll wird und wieder abnimmt, um sein Wachstum neu zu beginnen. Die Erkenntnis, in den ewigen Kreislauf eingebettet zu sein, macht frei von dem Wahn vergeblichen Trachtens und Hoffens im eingeengten Erdenleben und gibt

dem Geist Leuchtkraft und Stille. So haben wir hiermit gezeigt, daß das Wasser als Element und Urstoff vor dem Beginn der Schöpfung ein anschauliches Bild für abstrakte Gegebenheiten ist, an die wir in unseren Vorstellungen heranreichen, die aber dennoch sprachlich kaum zu vermitteln sind. Wir sprachen von der zeitlichen und räumlichen Unendlichkeit und vom ewigen Werden, das einmal die Fülle der Fruchtbarkeit meint und zum anderen die Veränderung, den dauernden Wandel, dem die sichtbare Welt unterworfen ist. Dieser Prozeß des Wandels, den wir auch als grundlegendes Lebensprinzip verstehen können, wird nicht mehr in dem alles erfüllenden stillen Wasser des Urozeans veranschaulicht – das in so vielen Ursprungsmythen einen Windhauch braucht, um in Bewegung zu geraten – sondern von dem bewegten Wasser selbst.

Das Wasser hat sich mit dem Licht verbunden,
In seinem Medium hat das Licht Gestalt.
Es ist ein Spielen beider Kräfte miteinander:
Das Licht läßt die Struktur des Wassers erst erscheinen,
Das Wasser aber gibt dem Licht die Form.
Zusammen zeugen sie unzählige Figuren,
Die kommen, sich vereinen, wieder teilen,
Sich weitergeben und dann wieder gehn.

Dies ist nur scheinbar regellose Fülle,
Genügt doch sichtbar innerem Gesetz,
Aus der Verbindung Licht und Wasser erst entstanden.
Die Vielfalt in dem großen Ganzen ist es,
Die unser Auge so gefangenhält,
Die unfaßbare Produktivität,
Die längst begann, bevor wir sie erschauten
Und ohne uns unendlich weiterspielt.

# »LEBENDIGES« WASSER
## Überlegungen zu einem Begriff

DIE BEWEGUNG des Wassers ist für unser intuitives Verständnis – noch vor jeder naturwissenschaftlichen Definition – der Inbegriff alles Lebendigen. Wir reden von einem »lebendigen« Wasser, wenn es sprudelt und springt, obwohl es sich in naturwissenschaftlichem Sinne um tote Materie handelt. Daher ist in diesem Fall die Frage notwendig, was wir mit dem Wort »lebendig« eigentlich meinen.

Mag sein, daß in diesem Begriff das Wissen mitschwingt, daß Wasser Grundstoff zur Erhaltung allen Lebens ist und Pflanzen und Tieren Lebensraum bietet. Wenn die Tiere in unseren Gewässern sterben, so sehen wir daraus, daß die Wasser »krank« sind und nicht mehr »lebendig« – und mit ihrem Leben fühlen wir auch die Erhaltung unserer Existenz bedroht.

Eine Definition oder normierende Beschreibung des »lebendigen« oder »gesunden« Wassers gibt es nicht. Aber es gehört zu unseren ursprünglichsten und unvergessenen Erfahrungen, wie erquickend ein heller, sprudelnder Bach nach langer Wanderung unter heißer Sonne sein kann. Allein das gurgelnde Geräusch schon läßt uns die Erschöpfung vergessen und wieder munterer werden. Und das Netzen der Haut oder gar ein Schluck davon bringen uns die Lebensgeister zurück. Damit setzt uns eine solche sprudelnde Quelle den Maßstab für das Wasser, das wir »gesund« nennen: sie ist hell, klar, geruchlos und eben beweglich. Im Gegensatz dazu nennen wir ein stehendes Wasser, wenn es durch Algenwuchs, Abfallprodukte und Fäulnisbakterien trüb und stinkend geworden ist, »krank« oder gar »tot«.

Die Erfahrung hat uns gelehrt, daß ein solches Wasser nicht mehr heilt und belebt, sondern, im Gegenteil, Krankheiten bringt und vergiftet.

Allerdings haben Untersuchungen an unseren kranken Gewässern ergeben, daß die gesunden Wasser mit den Worten »hell« und »klar« nur sehr unvollständig beschrieben werden. Die Durchsichtigkeit kann durch chemische Zusätze relativ leicht wieder hergestellt werden, ohne daß damit das Wasser als Lebensraum für die Tiere automatisch wieder zugänglich gemacht wäre, denn es fehlt noch die Anreicherung von Mineralstoffen. Weiter kommt man nur, wenn man das Wasser als einen Organismus versteht mit ähnlich komplexen Abläufen wie in anderen uns bekannten Organismen.

Damit bekommt der Begriff des »lebendigen Wassers« seine tiefere Berechtigung. Er impliziert, daß das Wasser, wie alle Organismen, dem natürlichen Gesetz von Veränderung, Absterben und Erneuerung unterworfen ist. Tatsächlich kann ein »totes« Wasser wieder »belebt« werden, wenn es in Bewegung gerät. Im Sprudeln, Springen und Überschäumen reichert es Sauerstoff an und bietet dadurch Bakterien Lebensraum, die die absterbenden Organismen im Wasser zersetzen und bis zu den einfachen, anorganischen Verbindungen abbauen, so daß sie dann als Nährsalze dem Wasser wiederum zugute kommen können. Durch die Bewegung entsteht ein Leben fördernder Kreislauf im Wasser. Und nur wenn dieser Kreislauf erhalten bleibt, ist das Wasser auch für uns »lebendig«, d. h. Leben fördernd.

Jedoch auch ohne etwas von diesem lebensnotwendigen Kreislauf zu wissen, sehen wir in dem bewegten Wasser das Bild von Lebendigkeit. Denn jede Bewegung verformt das Wasser, gibt ihm eine neue Gestalt; und in diesen ständig verwandelten Gestaltungen kann sich das Licht zu immer wieder neuen Bildern reflektieren. Die unendliche Fülle dieser Bilder scheint hier, an einer Stelle und gleichsam im Zeitraffer, die Fülle der Gestalten zu spiegeln, die das Leben in unserem Kosmos annehmen kann – nicht nur als Vielfalt im räumlichen Nebeneinander, sondern auch als ewiger Wandel im zeitlichen Nacheinander. In den sich ewig wandelnden Gestalten des bewegten Wassers scheint sich die ursprüngliche Gestaltungs- und Verwandlungskraft zu offenbaren, die in allem Leben wirksam ist, ja, der jede Erscheinung ihr Leben verdankt.

*Helmut Heißenbüttel* hat in einem Gedicht aus seinen »Einfachen grammatischen Meditationen«, die er 1970 veröffentlichte, diesen lebendigen Prozeß der Gestaltwerdung aus der Wasserbewegung mit Worten nachzuvollziehen versucht.

Eigentlich müßte das Gedicht »Meditation ohne Grammatik« heißen, denn das Gedicht ist eine meditative Aneinanderreihung einiger weniger Wörter, die sich wiederholen mit und ohne Konjunktion, und in einer rhythmischen, aber leicht variierenden Weise an dem Ohr des Zuhörenden und an dem Auge des Zuschauenden vorbeifließen – wie Lichtflecken auf der

die Schwärze des Wassers und das Punktuelle
        der Lichter
die Schwärze des Wassers und das Gelegentliche
        der Reflexe
Gegenden und Gegenden und Gegenden und
        Landschaften
Landschaften die ich gefärbt habe und Landschaften
        die ich nicht gefärbt habe
das Gelegentliche der Schatten und die Chromatik
        des Hellen
die Schwärze des Schwarzen und die Chromatik
        der hellen Flecke
gelb rot rotgelb und rot rot rot
Gegenden und Landschaften und oder oder
und oder oder

Oberfläche eines bewegten, dunklen Wassers, bald einzelne Punkte nur, bald ineinanderfließende Formen. Die Formen bilden eigene Flächen auf dem dunklen Wasser wie funkelnde Gegenden, vielfältige Landschaften aus Licht und Dunkelheit. Und in dem Maße, in dem das Ich die meditative Versenkung in das Element Wasser vollzieht, d. h. indem der Betrachtende mit seiner Erlebniskraft sich dem Sog des fließenden Wassers überläßt, gewinnen die vielfältigen Lichterscheinungen in seinem Bewußtsein eigenes Leben. Wie auf einer Lebensreise im Zeitraffer werden sie zu vorbeiziehenden Landschaften, treten durch die Lebendigkeit des Erlebnisses aus der chromatischen Schattierung des Hell-Dunkel heraus und gewinnen eigene farbige Lebendigkeit bis hin zum »Rot«, der leuchtenden Farbe des Lebens.

DIE VIELEN VERSCHIEDENEN Gestalten der Wasserbewegung führen uns jeweils einen anderen Aspekt aus dem Erfahrungsbereich unseres Lebens vor Augen: Es gibt das leicht plätschernde Schwingen einer fast ruhenden Wasserfläche oder die gleichmäßig rollende Bewegung einer Woge im Meer oder aber die unberechenbaren, sich gegenseitig brechenden Bewegungen einer im Sturm aufgewühlten See. Es gibt das leise glucksende Dahinfließen eines kleinen Wiesenbächleins oder das kraftvolle, unaufhaltsame Fließen des breiten Stromes, auch das unruhige, manchmal reißende, manchmal springende Sprudeln eines Gebirgsbachs. Es gibt das ruhige Überfließen eines randvollen Beckens oder auch die zerstörende Gewalt eines angestauten Wassers, das seine Dämme durchbricht. Unsere Sprache ist reich an Ausdrücken, um diese verschiedenartigen Bewegungen zu benennen, oft – wie aus den obigen Zeilen schon zu ersehen – gepaart mit akustischen, lautmalenden Beiwörtern. Und die Literatur schöpft reichlich Bilder aus den Bewegungen des Wassers, um über die Bewegtheiten des menschlichen Lebens sprechen zu können.

Die am häufigsten gebrauchte Metapher ist wohl die vom Lebensstrom. Das breit dahinfließende Wasser nimmt seinen Weg, ungeachtet aller Hindernisse, überspült Steine, schwemmt die Erde fort, trägt ganze Berge ab, häuft neue auf und führt alles, was sich in seinen Bereich begibt, mit sich fort in einer unaufhaltsamen Bewegung. Es legt einen langen Weg zurück, unabsehbar für den, der an einer bestimmten Stelle seinem Fluß zuschaut.

Die Kraft seiner Bewegung und das Gleichmaß verraten einen Ursprung, der weit zurückliegt – räumlich und zeitlich entfernt. Aus vielen Quellen hat es sich gespeist, viele Wasser hat es in seinen Lauf aufgenommen, oftmals hat es seine Richtung geändert, manchen Hindernissen ist es ausgewichen, andere hat es überwunden, bevor es die gleichmäßige Stärke eines breiten Stroms bekommen hat und bis es endlich einmündet in das große Wasser der Meere, wo es seine Eigenart verliert, aber doch die Spur seiner Strömung hinterläßt. So erinnert das fließende Wasser an den Lauf des Lebens, das viele »Ein-flüsse« aufnimmt und über alle Zufälligkeiten hinweg mit Kraft seinen Weg findet, um schließlich seine individuelle Hülle zu verlassen und einzugehen in das eine, überindividuelle Sein.

Damit sind wir einem Bild nahegekommen, das im Gedankengut der Upanishaden, der ältesten Lehren indischer Mystik, eine große Rolle spielt. Sie entstanden ab etwa 800 v. Chr. als Erläuterungstexte zu den vier Veden, in denen das gesamte religiöse Wissen der nach Indien eingewanderten Arier gesammelt war. Upanishaden waren, wie das Wort sagt, Geheimlehren, die zunächst nur mündlich an ausgesuchte Schüler weitergegeben und erst in späterer Zeit schriftlich fixiert, dabei aber auch noch ständig ergänzt wurden. Die Mundaka-Upanishad, die wir hier zitieren wollen, gehört nach ihrer Entstehung zu den »mittleren Upanishaden«, die nach 500 v. Chr. anzusetzen sind. Hier heißt es: »Wie die dahinfließenden Ströme im Meere untergehen und ihre Individualität verlieren, so wird der Kundige von

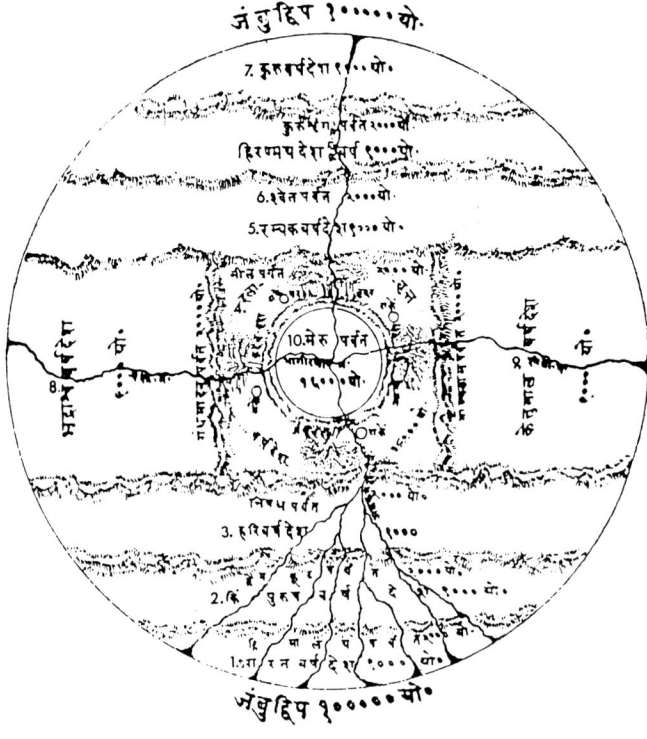

seiner Individualität erlöst und geht in den himmlischen Purusha (= Geist) ein, der höher als das Höchste ist.« »Der Kundige«, das ist der Weise, der mit Hilfe von Yoga zu Erkenntnis seiner eigenen, ursprünglichen Lebenskraft gelangt ist. Denn diese Lebenskraft, sein wahres Selbst (Âtman) und ursprüngliches Sein, ist letztlich dieselbe Kraft, die dem gesamten Universum innewohnt (Brâhman), so wie das Wasser eines Flusses als Element dem Wasser der Meere gleicht, in das es einmündet, um dann von ihm nicht mehr unterscheidbar zu sein.

Anschaulicher noch wird das fließende Wasser zum Bild des Lebens und seiner inneren Gesetzmäßigkeiten im Taoismus, wie er in den beiden großen Textsammlungen, dem Tao-te-ching, das Lao-tzu zugeschrieben wird, und dem Buch Chuang-tzu, »Das wahre Buch vom südlichen Blütenland«, niedergelegt ist. Das Tao-te-ching wird auf das 4. Jahrhundert v. Chr. datiert, während das Buch Chuang-tzu wohl zum Teil etwas früher entstand, zum Teil aber auch später.

Der Begriff »Tao« ist vielfach mit »Sinn« oder »Weg« übersetzt worden, aber auch mit »Vorsehung« oder sogar »Gott«, sofern damit die höchste Wirklichkeit und Kraft des Universums gemeint ist. Wenn auch der Begriff nicht eindeutig zu übersetzen ist, weil er gerade das ausdrücken möchte, was sich jeder verengenden Eindeutigkeit entzieht, so wird er doch am häufigsten mit dem Sinnbild des Wasserlaufs veranschaulicht. Tao ist der Fluß, das fließende Treiben. Tao ist jeder Prozeß natürlicher Wandlung, so wie er sich im Formenspiel und den bewegten Linien strömenden Wassers manifestiert. Es folgt keinem strengen, formulierbaren Gesetz, aber es enthält doch ein inneres Ordnungsprinzip (li), das man mit modernem Sprachgebrauch vielleicht auch »organische Struktur« nennen könnte. Man findet es sichtbar überall dort wieder, wo etwas langsam gewachsen ist und Strömungslinien hinterlassen hat: im Knochenbau, in altem Holz, im Gestein. Diese Struktur aber ist so komplex, daß sie nicht auf wenige Parameter zurückführbar ist und sich auch nur unvollständig beschreiben läßt. Daher ist die Erkenntnis des Tao nicht in einem Lehrgebäude durch Sprache zu vermitteln. Tao ist nur erlebbar, indem man sich ihm anvertraut, d. h. indem man sich im Einklang mit dem fließenden Lauf der Natur bewegt, den wir am besten verstehen können, wenn wir das Kräftespiel des fließenden Wassers beobachten.

Chuang-tzu spricht von dieser Urkraft mit einem Begriff, der als »Schöpfer« wiedergegeben werden kann oder ebensogut mit dem Abstraktum »das Schöpferische«. Es ist die Kraft der ständigen Erneuerung in der Natur, die nicht nur im anschaubaren Hier und Jetzt wirkt, sondern auch über die Zeiten hinweg. Es ist die Kraft, die aus jeder sich auflösenden Erscheinung eine neue produziert, die jedem Absterben einen Neubeginn entgegensetzt. Jede Erscheinungsform, einschließlich der unseres eigenen Lebens, ist daher nur eine von unendlich vielen Möglichkeiten und nur eine zufällige, vorübergehende Manifestation dieser ursprünglichen Lebenskraft.

Die Erkenntnis, daß das diesseitige Leben nur eine der Metamorphosen auf dem Weg unendlichen Wandels ist, soll, nach den Lehren Chuang-tzus, den Menschen gleichgültig machen gegen die Schrecken des Todes. Denn wer sein irdisches Leben ebenso wie seinen Tod nur als verschiedene Erscheinungsformen des gleichen Prinzips oder als Durchgangsstadien sieht, kann sich der verpflichtenden Realität seines Lebens entziehen. Der Tod verliert für ihn die furchterregende Unabänderlichkeit des Lebensendes. Innere Vorstellungen dagegen von anderen, besseren Welten können einen ebenso bestimmenden Platz im Erlebnisbereich einnehmen und die momentanen Erscheinungen in Frage stellen. So erhält die ganze Unterscheidung von Einbildung oder Traum und Wirklichkeit eine vielfache Brechung, und die diesseitige Welt bekommt im Bewußtsein des Taoisten etwas Illusionäres genauso wie die Erlebnisräume seiner Phantasie. Wasser ist daher nicht nur wegen seiner lebendigen Strömung und unendlichen Verwandlungsfähigkeit Bild für das Tao, sondern auch wegen seiner Un-

greifbarkeit: will man es mit den Händen schöpfen, zerrinnt es zwischen den Fingern.

Dadurch gerät dieser Begriff des Tao in eine auffallende Nähe zum Begriff der Mâyâ, so wie er in manchen Religionen des Hinduismus gebraucht wird, insbesondere im Advaita-Vedanta, der sich vor allem auf die Upanishaden stützt. Im Zusammenhang mit der tiefenpsychologischen Bedeutung des Wassers wollen wir auf ihn zurückkommen, da die Mythen um den Begriff der Mâyâ eine solche Deutung nahelegen – dies allerdings im Unterschied zu den ursprünglichen Texten des Taoismus.

Als unmittelbar erlebte Wirklichkeit tritt uns dieses Tao entgegen in der Rede des Häuptlings Seattle vor dem Präsidenten der Vereinigten Staaten von Amerika im Jahre 1855 – wenn es dort auch nicht mit diesem Begriff belegt wird. *Chief Seattle* war Häuptling der Indianer vom Stamme Duwamish, die ihre Heimat im Staate Washington hatten, ehe sie ihr Land an weiße Siedler verkaufen mußten. In seiner Rede kommt zum Ausdruck, wie sehr sie sich als Teil der sie umgebenden Natur fühlten: nicht das Land gehört ihnen, sondern sie gehören dem Land – daher stehen sie der Forderung »ihr Land« zu verkaufen, verständnislos gegenüber. »Glänzendes Wasser, das sich in Bächen und Flüssen bewegt, ist nicht nur Wasser – sondern das Blut unserer Vorfahren... Das Murmeln des Wassers ist die Stimme meiner Vorväter...« – Diese Worte sind nicht nur als eine uns bekannte Heimatliebe zu verstehen, sondern sie zeugen davon, wie sehr sich jeder aus dem Volke der Duwamish eingebettet fühlt in den langsamen Wandlungsprozeß der Natur, der das kurze Menschenleben weit über sich hinausdehnt und ihm einen Anfang setzt in der fernen Zeit verstorbener Generationen.

Ohne noch in die Tiefe einer Weisheit des Tao einzudringen, erlebt der Betrachter im Fluß des Wassers einen Wandel seines Zeitbegriffs. Das stetige Fließen hat einen längeren Atem als unsere eigenen Handlungen. Wenn wir längst vom Schauen ermüdet sind und uns abgewendet haben, formt es weiter seine Strudel und Wirbel, trägt weiter in Wellen die Erde zu Tal – mit unverminderter Kraft und unverminderter Schnelligkeit. Nur im Rhythmus der Jahreszeiten pulsiert auch die Fließkraft des Wassers: im Frühling, wenn der Schnee in den höher gelegenen Regionen schmilzt, oder in längeren Regenzeiten schwellen die Flüsse mächtig an, und in langen Perioden trockener Sonnenhitze nehmen sie ab, können bisweilen sogar ganz versickern. Doch dieses Schwingen mit dem Rhythmus der Jahreszeiten stellt das Strömen des Wassers unter ein anderes zeitliches Gesetz als das unserer kurzen Lebensdauer, denn die Jahreszeiten lösen sich ab in einer ständigen Wiederkehr, unabhängig davon, ob Menschen geboren werden oder sterben. Leben in diesem fließenden zeitlichen Wandel ist wie ein vorübergehendes Ankern, oder, wie Gottfried Benn in der ausklingenden Distanz von seinem langen, bewegten Leben sagt: »Leben ist Brückenschlagen über Ströme, die vergehn« – ein Vers, den er mehrfach verwendet hat.

Das Bewußtsein von den kosmischen Ausmaßen des Zeitenlaufs ist besonders gegenwärtig in den Religionen des Hinduismus. Zur höchsten Weisheit gehört es dort, in seinem Bewußtsein größtmögliche Distanz von dem eigenen Leben zu erreichen. Der Weise begibt sich in eine Beobachterposition, von der aus die Menschheitsentwicklung im Zeitraffer erscheint, so daß er wie der Häuptling Seattle

sagen kann: »Aber warum soll ich trauern über den Untergang meines Volkes, Völker bestehen aus Menschen – nichts anderem. Menschen kommen und gehen wie die Wellen im Meer«. Aber sein Beobachterstandpunkt kann sich noch weiter entfernen, so daß auch das Leben unseres Planeten wie im Zeitraffer erscheint und Gebirge sich erheben und wieder verschwinden wie Wellenbewegungen auf der Erdoberfläche. Und diese Distanzierung, zu Ende gedacht, führt einen zurück zu den kosmischen Wassern, von denen wir im ersten Teil sprachen, auf denen die Entstehung unseres Kosmos nur ein leichtes Kräuseln der glatten Oberfläche bewirkt.

Wenn auch diese letzte Abstraktionsstufe für die meisten von uns schwer nachvollziehbar ist, so bleibt sie doch ein grundlegendes Bild dafür, daß jedes Leben sich in Bewegung manifestiert. Und folgerichtig erleben wir jede Bewegung als »lebendig« – je stärker die Bewegung, desto größer der Lebensimpuls, der sich in ihr ausdrückt. Da aber jede Bewegung einen Anfang hat, begibt sie sich in die Abfolge der Zeit und trägt damit notwendig ihr eigenes Ende in sich. Diese Gedanken hat *Ingeborg Bachmann* in Versen verdichtet, die sie »Strömung« nannte:

So weit im Leben und so nah am Tod,
daß ich mit niemand darum rechten kann,
reiß ich mir von der Erde meinen Teil;

dem stillen Ozean stoß ich den grünen Keil
mitten ins Herz und schwemm mich selber an.

Zinnvögel steigen auf und Zimtgeruch!
Mit meinem Mörder Zeit bin ich allein.
In Rausch und Bläue puppen wir uns ein.

Die Ich-Form läßt Erlebnishaftes vermuten, doch heißt das Gedicht ganz abstrakt »Strömung«. Die beiden mittleren Zeilen, die herausgehoben sind, machen es denn auch evident, daß das Ich hier nicht der Dichterin Ingeborg Bachmann zugeordnet ist, sondern der Strömung. Eine grüne Woge greift in das ruhige Meerwasser, überschlägt sich und kehrt in sich selbst zurück, Schaum und Gischt sprühend – Bild des lebendigen Übermuts. Wasser spritzt auf ins Blau des Himmels wie Vögel, metallisch glänzend. »Zinnvögel« und »Zimtgeruch« – in der Alliteration hört man das Zischen der umschlagenden Wasser.

Oder ist es doch das Ich der Dichterin? Ist sie es, die einen grünen Keil in das Wasser treibt – vielleicht ein Boot – mit dem Mutwillen dessen, der seinen Teil des Lebens an sich reißt und in der Kraft der Bewegung erst sich selber spürt? Die symbolhafte oder assoziative Überdeckung der beiden Bilder – der Strömung und des personalen Ich – wird hier deutlich: sicher sind beide gemeint. Beide befinden sich auf dem Höhepunkt des Lebens, dort, wo die Woge umbricht, dort, wo der Mensch sich bewußt wird, daß er in den Zeitenlauf eingebaut ist (Ingeborg Bachmann schrieb dieses Gedicht zwischen 1956 und 1961, als sie gerade über 30 Jahre alt war), daß er dem Tod ins Auge sehen muß, weil die Zeit selber es ist, die dem Leben das Ende setzt. Daher noch einmal das bewußte Aufschwingen in die Bewegung, als sei sie der zugedachte Teil an Leben. Ein Aufbegehren gegen die Stille, um im Rausch der Bewegung nur noch sich selber und seine Lebendigkeit zu spüren, losgelöst wie die aufspritzende Gischt im Blau des Himmels, alleine nur mit seinem »Mörder Zeit«.

# DIE FAHRT AUF DEM MEER DES LEBENS
## Ausblick auf einen Themenkomplex

DAS SPRUDELNDE WASSER ist, wie wir zeigten, in einer so allgemein gültigen Weise zum Symbol und zum Abbild einer ursprünglichen Lebenskraft geworden, weil es selber einen der wichtigsten Grundstoffe zur Erhaltung des Lebens darstellt, und weil es sich durch seine Fließkraft und lebendige Beweglichkeit als Bild für die Dynamik des Wachstums und der Veränderlichkeit jeglichen Lebensprozesses wie von selber anbietet.

Daneben aber haben die Erfahrungen von der unberechenbaren, zerstörenden Gewalt des Elements ein ganz anderes, ebenso weit verbreitetes Bild vom Wasser geschaffen: das einer übermächtigen, unberechenbaren Macht, der der Mensch schicksalhaft ausgeliefert ist. Schon frühzeitig dehnten die Menschen ihren Lebensraum auf die Gewässer aus, indem sie Hindernisse in Form von Wasserarmen zu überwinden suchten oder Seen und Flüsse benutzten, um unzugängliche Landgebiete zu umgehen, oder auch einfach, um sich durch Fischfang Nahrung zu verschaffen. Wenn auch schon aus dem 3. Jahrtausend v. Chr. erste große Seefahrten der Phönizier und Ägypter bekannt sind, so hat sich die Hochseeschiffahrt doch nur sehr langsam und zögernd entwickelt. Mangels technischer Hilfsmittel zur Orientierung, wie Kompaß, Entfernungsmesser oder Seekarten, blieb das Hinausfahren auf hohe See bis in die nachchristliche Zeit ein Wagnis auf Leben und Tod, bei dem die Menschen ihr Schicksal in keiner Weise mehr in der Hand hatten, sondern es ganz und gar dem Wohlwollen oder Zorn der höheren Mächte anvertrau-

ten, die sich in den Bewegungen des Elements manifestierten. Daher ist die Fahrt auf dem Meer zu einem allgemein gebrauchten Bild für das Leben selbst geworden, das dem Zufall der Ereignisse ebenso ausgeliefert ist wie das Schiff den Winden.

Im Buddhismus wird immer wieder die menschliche Existenz, das Dasein in dieser Welt, mit einem großen Ozean verglichen. Und die beiden religiösen Lehren des Hinayâna und des Mahayâna sind das »kleine« und das »große Fahrzeug«, mit deren Hilfe es dem Menschen gelingen soll, vom bewegten Ozean der von Leidenschaften getriebenen Existenz an das stille Ufer des Nirvana zu gelangen. Das vom Schicksal leidvoll bewegte Leben findet sein Bild in den aufgewühlten Wassern des Ozeans. Und mit seiner Geburt besteigt der Mensch gleichsam ein Fahrzeug, mit dem er die Lebensfahrt in dem schicksalhaften Element bestehen kann. Das Fahrzeug, das Schiff, ist steuerbar – doch nur in dem Maße, in dem der Steuermann sich den Winden und Wogen anvertraut und sich ihre Kraft und Richtung zunutze macht. Hinayâna und Mahayâna sind die Fahrzeuge, die von den rechten Lehren gesteuert werden und die daher sicher durch die Wogen des menschlichen Lebens ans Ufer der ewigen Ruhe tragen.

Daß der Mensch mit seiner Geburt dem Walten des Schicksals oder einem göttlichen Willen übergeben wird, kommt besonders bildhaft zum Ausdruck in dem Motiv der Aussetzung auf dem Wasser, das wir aus der Geschichte von der Geburt Moses' im Alten Testament her kennen: Die Ägypter hatten befohlen, alle männlichen Neugeborenen der Hebräer umzubringen. Um ihren kleinen Sohn zu retten, hatte die Frau aus dem Hause Levi ihn in ein mit Pech gedichtetes Weidenkörbchen gelegt und im Schilf des nahe vorbeifließenden Flusses ausgesetzt. Dort fand ihn die Tochter des Pharao, schloß das hilflose Kind in ihr Herz und zog es groß, so daß auf diese Weise das von Gott bestimmte Schicksal seinen Lauf nehmen konnte.

Auch an anderen Orten kehrt dieses Motiv wieder: In den griechischen Sagen heißt es, daß Perseus, der Sohn des Zeus und der jungfräulichen Danaë, auf dem Wasser ausgesetzt wurde. König Akrisios, Danaës Vater, war prophezeit worden, daß ein Enkel ihm einst den Thron entreißen werde. Daher ließ er zunächst Danaë in einen Turm einschließen, wohin aber doch noch Zeus als goldener Regen gelangen konnte. Und als Akrisios dann von der Geburt eines Sohnes erfuhr, ließ er voll Zorn den Neugeborenen zusammen mit seiner Mutter in einen Kasten (Arche) sperren und auf dem Meere aussetzen. Dort aber wurde der Kasten ans Ufer einer Insel gespült, wo ein frommer Fischer ihn fand, der die beiden Gefangenen befreien und liebevoll bei sich aufnehmen konnte.

Oder Karna, der große Held des alten indischen Mahâbhârata-Epos, Sohn des Sonnengottes und der schönen Kunti, wurde in einer Schachtel im Fluß ausgesetzt, weil die Mutter fürchtete, als Unvermählte in Schande und Ungnade zu fallen. Aber das Kind wurde von einem Suta, einem Wagenlenker, gefunden und liebevoll großgezogen, so daß es zu einem mächtigen und gewandten Krieger heranwuchs.

Und noch in dem Grimm'schen Märchen vom Teufel mit den drei goldenen Haaren findet sich das Motiv in einer entspiritualisierten, säkularisierten Form: der Knabe, der mit einer Glückshaut geboren und dem geweissagt war, daß er die Tochter des Königs zur Frau nehmen werde, wurde vom König selbst seinen armen Eltern abgekauft, in eine Schachtel gelegt und in ein tiefes Wasser geworfen. Aber an dem Wehr einer Mühle blieb die Schachtel hängen, ein Müllerbursche fand sie und brachte das Kind den Müllersleuten nach Hause, die sich freuten und es liebevoll großzogen.

Vermutlich gehen diese Geschichten auf reale Praktiken zurück in Zeiten und Kulturen, in denen rigorose Auslese unter den Neugeborenen betrieben wurde. Schließlich konnten die Mütter dann auch in der grausamen Trennung doch noch hoffen, daß das Kind irgendwo gefunden und gerettet würde. Und es war besser, die Last der Entscheidung den Göttern zu überlassen, als sie sich selbst aufs Gewissen zu laden. Gleichzeitig aber wird mit der Erzählung von seiner Aussetzung und wunderbaren Rettung der Held als ein Liebling der Götter ausgewiesen, als einer, dessen Leben von Geburt an der göttlichen Lenkung anheimgegeben ist. Allen hier angeführten Kindern war vorherbestimmt, als führende Helden ihrem Volke zum Sieg zu verhelfen. Und so war von Anfang an, durch das Bild des Aussetzens auf dem Wasser sichtbar geworden, ihr Schicksal in die Hände Gottes oder der Götter gegeben. – Wenn auch die Einflüsse nicht auszumachen sind, so erinnert dieses Motiv doch stark an das der Errettung eines ausgewählten Menschen in einer Arche vor dem Untergang durch die Sintflut – doch wollen wir darauf erst später eingehen.

Ebenso wie der Eintritt ins Leben wird auch das Ende des Lebens, der Tod, in vielen Kulturen als Überfahrt auf dem Wasser dargestellt. Nach altem ägyptischen Glauben fuhren die toten Seelen auf der Barke des Sonnengottes Amun-Rê mit ihm in die Unterwelt. Und Gilgamesch, der Held des alten assyrisch-babylonischen Epos, mußte zusammen mit dem Fährmann Ur-Schanabi über das wilde, gefährliche Meer des Todes übersetzen auf seiner Suche nach Unsterblichkeit. Aber am bekanntesten ist wohl die Überfahrt der toten Seelen über den Styx, der im alten Griechenland die Welt der Menschen von der Welt der Götter und damit auch von der Unterwelt trennte. Aus eigener Kraft konnte niemand über den Styx gelangen, der Fährmann Charon steuerte das Schiff über den gefährlichen Fluß.

Sicher kann man diese Bilder aus den damals noch unvollständigen geographischen Vorstellungen vom »Rande der Welt« her verstehen. Bei Homer heißt es, daß Odysseus bis ans Ende der Welt segelte, um in die Unterwelt zu gelangen – über den Fluß Okeanos hinüber, der nach alter Vorstellung die Erde umschloß. Und auch die alten Chinesen verlegten ihre Paradiese auf die »Inseln der Seligen«, hinter den unendlichen Ozean, der ihre Welt nach Osten hin sichtbar abschloß.

Doch bleibt diese Erklärung noch unvollständig und an der Oberfläche. Tiefer gelangt man, wenn man diese Todesflüsse oder Todesmeere mit den kosmischen Wassern in Verbindung bringt, wie es ja durch Odysseus' Überquerung des Urgewässers Okeanos nahegelegt wird. Mag sein, daß verborgene Vorstellungen vom Kreislauf des Lebens und der Wiedergeburt einen Hintergrund bilden.

Fruchtbar aber werden die Interpretationen, wenn sie im Bild der letzten Todesfahrt einen Übergang zu anderen Bewußtseinszuständen sehen. So werden die chaotischen Wasser an der Lebens-(=Welt-)grenze zum Bild einer Auflösung unserer gewohnten Wahrnehmung von realen Phänomenen. Auch ist von Menschen, die nach einem klinischen Tod wieder ins Leben zurückgekehrt sind, berichtet worden, daß sie diesen Übergang wie ein Verschlungenwerden erlebt haben oder wie einen großen Strudel, der sie mitriß.

Wir können hier das Bild der Überfahrt ins Jenseits nicht voll ausschöpfen. Es gehört – genau wie das Ausgesetztwerden nach der Geburt – letzten Endes zu dem großen Themenkomplex der Schiffsreise als Lebensfahrt, auf den wir auch im ersten Teil schon gestoßen sind. Ihn ganz zu erarbeiten, würde den Rahmen dieses Buches sprengen.

Als bekanntestes Beispiel für eine Lebensreise sei aber die Irrfahrt des Odysseus erwähnt, bei der die Götter sich immer wieder der Naturgewalten bedienen, um den Helden das Schicksal ereilen zu lassen, das sie untereinander ausgehandelt hatten. Odysseus selbst widersetzt sich dem Willen der Götter nie, sondern er vertraut sich ihnen an, so wie er sein

Schiff dem Wind und den Wellen anvertraut und seine Tapferkeit und Geschicklichkeit nur einsetzt, um mit Hilfe der Götter die ihm vorbedachten Abenteuer und Gefahren zu bestehen. Daher kehrt er am Ende seines Lebens wohlbehalten nach Hause zurück und darf nun doch noch das Glück genießen, das er so früh hatte verlassen müssen.

Das moderne Gegenstück zu ihm ist »der fliegende Holländer«, dieser Kapitän, der einst am Kap der Guten Hoffnung den Naturgewalten zu trotzen wagte. Er stemmte sich gegen den Gang der Wellen und gegen die Richtung der Winde, er spottete aller himmlischen Warnungen und vertraute nur auf seine eigene Kraft. Seither muß er zur Strafe ruhelos und richtungslos auf dem Meer umhertreiben. Die Lebensfahrt, die er nach seinem eigenen Willen und nach seinen eigenen Kräften vollenden wollte, höhere Mächte verleugnend, nur – wie Manfred Frank ausführt – seinem eigenen Wissensdrang vertrauend, hat ihr vollendendes Ziel verloren und ist zu einem Zustand unheilvoller Beliebigkeit geworden.

Demgegenüber stehen auch in neuerer Zeit Bilder, wie sie in der Revolutionsliteratur gern verwendet werden, wo gerade der unbeugsame Kampf gegen die entfesselten Elemente als der einzige Weg in das gelobte Land gepriesen wird. Hier gibt es ein Ziel, ein verheißenes Paradies – doch von wem es verheißen ist, und wie es aussieht, bleibt nebensächlich. Inhalt bleibt allein die Erprobung der eigenen Kraft im Kampf.

Mit diesen beiden letztgenannten Versionen des Motivs wird deutlich, wie weit die Lebensfahrt in unserer modernen, westlichen Welt ihre inhaltliche Transzendierung verloren hat – insbesondere, wenn man sie mit den christlichen Erzählungen aus dem Neuen Testament vergleicht, wo Christus es vermag, auf dem Wasser zu gehen, ohne in den Wellen zu versinken, oder wo er, im Schiff der Jünger ruhend, sicher durch die Wogen fährt und schließlich den Sturm beruhigt und die Wogen glättet. Versteht man in beiden biblischen Erzählungen den Gang oder die Fahrt auf dem Wasser als Lebensfahrt, dann ist es Christus allein, der die Macht hat, sicher durch die Stürme und Wogen des Lebens zu führen. Nur wer mit ihm »in einem Boot sitzt« und sich ihm anvertraut, bleibt unversehrt auf dieser Fahrt.

Mit diesen Überlegungen drängt sich ein Vergleich auf zwischen dem Bild der Bootsfahrt mit Jesus und dem anfangs erwähnten Bild der sicheren Fahrt mit der buddhistischen Lehre des Hinayâna und des Mahayâna. Und es werden gleichzeitig ihre Unterschiede deutlich: im Buddhismus ist es die Lehre, die sicher durchs Leben trägt, in der christlichen Religion aber ist es Christus selber als menschgewordener Gott, der allein es vermag, auch unser Schiff sicher zu steuern.

WIR HABEN VERSUCHT zu zeigen, wie aus den ursprünglichen Erfahrungen im Umgang mit dem Wasser das Element zu einem umfassenden Bild für alles Lebendige und für das Leben selbst geworden ist. Als solches ist es in die religiösen Vorstellungen eingegangen und hat reichlich Material für die alten Mythen und Sagen geliefert. Der Ausdruck »Wasser des Lebens« findet sich schon bei den Babyloniern und ist seither zu einem festen Begriff geworden, der durch häufigen und kontinuierlichen Gebrauch weitgehend verflacht ist – wie man an dem französischen Wort »eau-de-vie« sehen kann, das einfach »Schnaps« bedeutet. Daß trotzdem auch in neuerer Zeit dieses Bild noch in seiner umfassenden Bedeutung lebendig ist, wollen wir an einem Sonett von Joseph von *Eichendorff* aus dem Zyklus »Sängerleben« (1810) zeigen:

Wer einmal tief und durstig hat getrunken,
  Den zieht zu sich herab die Wunderquelle,
  Daß er melodisch mitzieht selbst als Welle,
  Auf der die Welt sich bricht in tausend Funken.

Es wächst sehnsüchtig, stürzt und leuchtet trunken
  Jauchzend im Innersten die heil'ge Quelle,
  Bald Bahn sich brechend durch die Kluft zur Helle,
  Bald kühle rauschend dann in Nacht versunken.

So laß es ruhig brausen, drängen!
  Hoch schwebt der Dichter drauf in goldnem Nachen,
  Sich selber heilig opfernd in Gesängen.

Die alten Felsen spalten sich mit Krachen,
  Von drüben grüßen schon verwandte Lieder,
  Zum ew'gen Meere führt er alle wieder.

Die Entwicklung eines Wasserlaufs von seiner Quelle bis hin zu seiner Einmündung ins Meer bildet das Gerüst dieses Gedichtes. Jede Strophe aber benutzt das Bild des Wassers in einem anderen Bedeutungszusammenhang: Der Durstige, der Ausgetrocknete spürt in einem einzigen Schluck Wasser das ganze Wunder einer Leben spendenden Kraft. Er vergißt sich selbst und taucht mit allen seinen Sinnen ein in dieses Element. Es wird zur Wunderquelle, die mit ihrer magischen Kraft ihn zu sich herabzieht – wie in den zahlreichen Sagen und Märchen, die in dieser Zeit wieder zu neuem Leben erwachten. Eine Wunderquelle, die den Durstigen verwandelt, so daß er wie das bewegliche Wasser sich öffnet für die Wunder dieser Welt, daß er die Glanzpunkte des Lebens tausendfach widerspiegelt.

In dieser ersten Strophe ist das Wasser zunächst einfach Leben spendendes Element für den Dürstenden, Wasser des Lebens – doch ist ihm magische Kraft beigegeben, so daß es in einer vielschichtigen Weise zur Wunderquelle wird, indem sie ihn verwandelt, ihn das Wunder des Lebens erfahren läßt und ihm die Welt mit ihren »tausend« Facetten wie in einem Zauberspiegel vor Augen führt. In der zweiten Strophe scheint Eichendorff zwar den ungestümen, wechselvollen Lauf des Wassers zu beschreiben, benutzt dafür aber so viele Wörter aus dem seelischen Bereich (sehnsüchtig, trunken, jauchzend im Innersten, versunken), daß eine Umdeutung zur »heil'gen Quelle« innerer Erlebniskraft, d. h. zu einem symbolischen Bild für die wechselvolle Vielfalt inneren Erlebens, sich aufdrängt. Wirkungsvoll spielt er mit diesen verschiedenen Bedeutungsebenen und fügt ihnen in den beiden folgenden Terzetten noch ein weiteres, ebenfalls symbolhaft ausgeweitetes Bild hinzu: das der Fahrt auf dem Wasser.

Der Dichter ist es, der auf den ungeduldig brausenden Wassern dahinfährt, bereit sich selber zu opfern, so daß diese Fahrt für ihn zur Lebensfahrt wird. Doch fährt der Dichter nicht in einem gewöhnlichen Schiff, sondern in einem »goldnen Nachen« – entrückt in einen idealisierten Bereich der Märchenwelt. So »fährt« er auch nicht auf dem Wasser, den Gefahren des brausenden und drängenden Elements in physischer Weise ausgesetzt, sondern »schwebt« hoch darauf, den himmlischen Sphären nahe – und es klingen Assoziationen an Bilder eines Gottes im Sonnenwagen an. Tatsächlich bildet die letzte Strophe eine Art Apotheose. Durch wenige Ausdrücke (»die alten Felsen« spalten sich, »von drüben«, »zum ew'gen Meere«) wird eine kosmische Ausweitung des Bildes impliziert, so daß »er« in der letzten Zeile – wenn damit auch eigentlich der Dichter gemeint ist – göttliche Dimensionen erhält. Der Dichter schöpft seine Lieder aus der ungestümen Quelle des Erlebens, so daß sie – wie das Wasser selbst – die verschiedenen Facetten des Lebens spiegeln. Diese Lieder aber führt er zusammen wie Ströme »zum ew'gen Meer«, indem er in dem Gesang von seinem Erleben das allem Leben zugrunde liegende unendliche Unwandelbare hindurchschimmern läßt – so war es das Anliegen der Dichter der Romantik.

Das Wasser in diesem Gedicht ist in einer umfassenden Weise Bild für alles Lebendige, für das Leben selbst. Und der erste durstige Schluck ist eine Öffnung für dieses Leben. Mit der magischen Wirkung, die von diesem ersten Schluck ausgeht, bekommt er fast den Charakter einer Initiation, wenn ihm auch die Eindeutigkeit des religiösen Bezugs fehlt. Aber es ist das Charakteristische dieses Gedichts, daß es mit seiner Aussage nicht in einer einzigen Bedeutungsebene bleibt, sondern immer wieder unmerklich in eine andere hinübergleitet und dabei Assoziationen an bekannte Motive anklingen läßt.

Der Schluck Wasser, der dem Menschen das Leben öffnet – oder den Menschen für das Leben öffnet – ist als »Wasser des Lebens« ein bekanntes Motiv aus der Märchen- und Sagenwelt. Es steht dort häufig zunächst in vordergründiger Weise für den »Jungbrunnen«, d. h. für ein Wasser mit heilender Wirkung, das vor dem Altern bewahrt oder gar Unsterblichkeit verleiht – ein wohltuender Trank mit wundertätiger Kraft. Wie sehr ihm aber auch in dieser vereinfachten Form initiatische Bedeutung zukommt, wollen wir an dem Märchen »Das Wasser des Lebens« aus der Sammlung der Brüder Grimm zeigen.

Dem jüngsten Sohn eines Königs gelang es, das Wasser des Lebens zu finden und einen Becher voll für seinen kranken Vater davon zu schöpfen. Es quoll aus einem Brunnen im Hof eines verwunschenen Schlosses. Das Tor öffnete sich nur nach drei Schlägen mit einer eisernen Rute, die ihm ein Zwerg geschenkt hatte. Innen wurde es von zwei hungrigen Löwen bewacht, die er aber mit Brot besänftigte. In einem Saal des Schlosses fand er ein Schwert und ein Brot. Das Schwert aber konnte ganze Heere schlagen, und das Brot wurde niemals alle. Und in einem anderen Raum traf er eine schöne Jungfrau, die küßte ihn und sagte, er habe sie erlöst, und in einem Jahr, wenn er wiederkäme, solle die Hochzeit sein. — Auf seinem Heimweg kam der junge Prinz durch drei Länder, in denen Hunger und Krieg herrschten, und jedesmal konnte er mit seinem Brot und Schwert Hilfe schaffen. Daheim aber neideten ihm seine beiden Brüder das Glück und tauschten heimlich das Wasser des Lebens gegen salziges Meerwasser. Als nun der Vater davon kostete, meinte er, der Sohn wolle ihn vergiften. So mußte der Prinz fliehen und sich elend in einem Wald versteckt halten. Als aber ein Jahr um war, ging er zu seiner Liebsten, um bei ihr sein Leid zu vergessen. Sie empfing ihn mit Freuden, und die Hochzeit ward gehalten in großer Glückseligkeit.

In dieser sehr groben Zusammenfassung wird immerhin deutlich, daß das Wasser des Lebens, der Heiltrank für den Vater, nicht eigentlich der Inhalt dieses Märchens ist, sondern vielmehr nur Auslöser für eine ganze Reihe von Abenteuern, die der junge Prinz zu bestehen hat, und von denen hauptsächlich erzählt wird.

Wir dürfen davon ausgehen, daß die Aussage eines Märchens nicht allein in seinem Handlungsablauf liegt. Sonst hätten sich die Märchen nicht über die Jahrhunderte hin halten können, denn ihre gesellschaftliche Wirklichkeit hat nichts mehr mit unserer Zeit gemein, und das wunderbare Geschehen läuft unserem aufgeklärten Realitätsverständnis entgegen. Wir meinen vielmehr, daß das Märchen in einfachen, auf das Wesentliche reduzierten Bildern Grundwahrheiten zu den existenziellen Problemen eines Menschen formuliert, der sich am Beginn seiner bewußten Auseinandersetzung mit der Umwelt und sich selbst befindet. Da die Märchen bis in die Zeit der allgemeinen Alphabetisierung hinein

nur mündlich überliefert wurden, ist ihre Sprache notwendig einfach und direkt, häufig formelhaft. Ebenso weisen die Personen keine differenzierte Individualität auf, sondern bleiben typenhaft mit Rollenfunktion. Und auch der Handlungsablauf ist in stereotyper Weise vereinfacht. Märchen sind bildhafte Darstellungen, sozusagen Illustrationen von Grundstrukturen und existenziellen Zusammenhängen des Lebens, in das der Mensch hineinwächst. Durch eine vollständige Reduktion aller stilistischen Mittel auf das leicht Erfaßbare und wesentlich Notwendige gewinnen sie ihre zwingende, allgemeingültige Aussagekraft.

Das heißt, daß sich der Sinn eines Märchens nicht so sehr aus dem zeitlichen Nacheinander seines Handlungsablaufs erschließt, sondern vielmehr aus dem Bedeutungszusammenhang, in dem die einzelnen Bilder und Motive aufeinander bezogen sind. So liest sich unser vorliegendes Märchen zwar wie die stereotype Abfolge von Prüfungen und Abenteuern, aus denen der jüngste von drei Brüdern sieghaft' hervorgeht; aber der Sinn erschließt sich erst, wenn man alle diese Prüfungen und Abenteuer auf das Suchen und Finden des Lebens-Wassers bezieht und innerhalb dieses Bezugssystems deutet.

Der junge Prinz ist auf der Suche nach einem Heilwasser für seinen Vater. Was er findet, ist sehr viel mehr: ein Schwert, das alle Feinde besiegt — das bedeutet die Fähigkeit, sich zu verteidigen und zu schützen — und ein Brot, das niemals zu Ende geht — das bedeutet die Fähigkeit, sich zu ernähren. Außerdem trifft er eine Jungfrau, die ihn küßt und ihn heiraten will — das heißt, er lernt die Liebe kennen. Dies alles findet er in einem verwunschenen Schloß, dem

Bereich, in dem sich auch das Wasser des Lebens befindet. Dieser Bereich ist eigentlich fest verschlossen, nur ein Zaubermittel vermag ihn zu öffnen. Das Zaubermittel aber ist eine »eiserne Rute« – ein Werkzeug, das an eine Wünschelrute erinnert, mit der man verborgene Quellen aufspürt. Sie öffnet dem jungen Prinzen den Bereich, in dem er seine Stärke (Schwert), seine Nahrung (Brot) und die Liebe (Jungfrau) findet und natürlich auch das Wasser des Lebens.

Nachdem wir bisher durch abstrahierende Verallgemeinerung zu einer psychologischen Bedeutung einzelner Motive vorgedrungen sind, erschließen sich auch die übrigen Teile des Bildes am sinnvollsten mit Hilfe einer tiefenpsychologischen Deutung. Das verwunschene, schwer zugängliche Schloß ist dann als der seelische Bereich des Unbewußten zu verstehen, in den sich der junge Prinz begibt in dem Moment, wo er durch den drohenden Verlust des Vaters gezwungen wird, seinen eigenen Weg zum Leben zu finden. Der Weg nach Innen ist der richtige, d. h. derjenige, der zu dem Wasser des Lebens führt. Aber er ist gefährlich, denn er wird von zwei wilden Tieren bewacht, die ihn zu verschlingen drohen. Auch darf der Prinz nicht zu lange in diesem inneren Bereich verweilen, sonst schließt sich das Tor und er findet nicht mehr in die Außenwelt zurück.

Der junge Prinz besteht alle Gefahren und begibt sich mit dem Wasser des Lebens und allem, was er mit ihm gefunden hat, auf den Rückweg. Doch ist dieser Rückweg eine lange Reise, auf der er mehrmals Gelegenheit bekommt, seine neuen Gaben für andere einzusetzen, auf der er Ruhm und Dankbarkeit erwirbt, von seinen Brüdern Undank und Betrug erfährt, von seinem Vater verstoßen wird und in

tiefstes Unglück gerät und schließlich aber wieder zu der Prinzessin, seiner Liebe, und damit zu seinem Glück und einem neuen »Zuhause« findet. Kurz gesagt: mit dem Becher voll Wasser des Lebens gerät er in eine ganze »Lebensschule«, in das schicksalhafte Auf und Ab des Lebens, bis er schließlich bei seiner Geliebten Ruhe finden kann.

Aus dieser Darstellung ist ersichtlich, daß das Wasser des Lebens, obwohl hier eigentlich nur ein Heiltrank für den Vater, für den jungen Prinzen sehr viel mehr bedeutet: die Suche nach dem Wasser des Lebens führt ihn zu einer Entdeckung seiner eigenen Kräfte und Fähigkeiten und macht ihn bereit, das Leben zu bewältigen. Das Wasser des Lebens selbst aber, das er in einem Becher nach Hause tragen will, stürzt ihn, als Auslöser von Abenteuern und Verwicklungen, in den wirbelnden Strom des Lebens. Für den jungen Prinzen ist es tatsächlich ein Wasser des Lebens, d. h. eine Quelle von Lebendigkeit, die in seinem Inneren verborgen sprudelte und von ihm erst entdeckt werden mußte, und die ihn gleichzeitig bereit macht, das Leben außerhalb seiner selbst wahrzunehmen und zu bestehen.

In diesem Sinne verstehen wir das »Wasser des Lebens« als ein Initiationssymbol, denn auch die uns bekannten Initiationsriten der Naturvölker haben als Grundschema, daß sie den heranwachsenden Jugendlichen durch Trennung von der bisher schützenden Dorfgemeinschaft und durch intensive Erfahrung von Entbehrung, Gefahr und Schmerz einer neuen bewußten Identität zuführen sollen. Tatsächlich ist das »Wasser des Lebens«, wie das folgende Kapitel zeigen wird, in die Kulthandlungen der meisten Religionen als ein Symbol für die spirituelle Erneuerung eingegangen.

DIE EXISTENZIELLE NOTWENDIGKEIT, das lebenswichtige Wasser zur Verfügung zu haben, hat schon in den Kulturen des Altertums zu einer erstaunlich weit entwickelten Technik im Bau von Brunnen und Wasserleitungen geführt. In Ägypten hatten Brunnen Berühmtheit erlangt, die bis zu 170 m tief gegraben waren, zum Teil durch Schichten von Felsgestein hindurch, die sich unter dem Wüstensand befanden. Aus Assyrien ist ein um die Wende des 8. zum 7. Jahrhundert v. Chr. groß angelegtes Kanalsystem zur Versorgung der Stadt Ninive bezeugt. Und bemerkenswert ist das weit verzweigte Kanalsystem, das König Salomo (1018–978 v. Chr.) zur Versorgung der Stadt Jerusalem anlegen ließ. Ausgehend von vier Quellen, die auf dem Berg Zion gefunden worden waren, ließ er künstliche Teiche als Sammelbecken bauen. Die Konstruktion der ganzen Anlage setzt bereits Kenntnisse in der Theorie des Wasserdrucks voraus; und auch heute noch tut sie ihren Dienst.

Die griechische Kultur aber war es, die am ausdrücklichsten der Wasserversorgung einen großen Wert beigemessen hat. Schon in Mykenä, das zwischen 1550 und 1150 v. Chr. seine Kultur entfaltete, hat man Reste von Wasserleitungen gefunden. Die Stadt Samos wurde von einem komplizierten Netz von Wasserleitungen gespeist, die zum Teil sogar unterirdisch als Tunnelbauten von über 1 Kilometer Länge geführt wurden (ihr Bau wird auf die Zeit des Polykrates, 535–522 v. Chr., geschätzt). Und bei der etwa 200 v. Chr. gebauten Wasserleitung von Pergamon handelt es sich bereits um eine reine Druckwasserleitung.

Brunnen und Quellen wurden sorgfältig eingefaßt und kunstvoll verziert.

Die römische Kultur schließlich, die weitgehend auf den Errungenschaften der Griechen aufbauen konnte, entwickelte dann, als Ausdruck ihres Reichtums, einen regelrechten Wasserkult. Bäder wurden zu Palästen ausgebaut, und Waschen und Baden, mit allerhand sinnlichen Genüssen verfeinert, war gesellschaftliches Ereignis. Die typische architektonische Form des römischen Brunnens versinnbildlicht verschwenderischen Überfluß: mehrere konzentrische Schalen, die einen Wasserstrahl auffangen und überfließend einander weitergeben.

Die Aufzählung dieser erstaunlichen Leistungen von Wasserversorgung in frühester Zeit darf nicht darüber hinwegtäuschen, daß von ihnen nur die großen Städte profitierten, ja, daß an ihnen in gewisser Weise die Bedeutung der betroffenen Städte abzulesen war. Weite Teile der Länder dagegen – und mit ihnen die dort lebende Bevölkerung – blieben unversorgt. Für die Menschen der wüstenähnlichen Gebiete im Mittelmeerraum, insbesondere der arabischen Länder zwischen Jordan und Euphrat, blieb Wasser das kostbarste Gut. Und wenn wir versuchen, uns in die Lage der ersten semitischen Stämme zu versetzen, die als Nomaden in Zelten lebten und mit ihrem Vieh von einer Wasserstelle zur nächsten durch weite Strecken wüstenähnlichen Landes zogen, so können wir vielleicht nachvollziehen, daß Quellen für sie eine numinose Macht ausstrahlten, ja, daß in ihnen Gottes Gegenwart lebendig war. Ausdruck dafür ist immer noch das Bild des 23. Psalms: »Der Herr ist mein Hirte ... und führet mich zu frischem Wasser« oder der Vers des 42. Psalms: »Wie der Hirsch schreit nach frischem Wasser, so schreit meine Seele, Gott, zu dir.«

Es ist daher auch nicht mehr verwunderlich, daß sprudelnde Flüsse als wichtiger Bestandteil in die Paradiesvorstellungen eingegangen sind. Der Koran nennt das Paradies, das dem Gottesfürchtigen verheißen ist, in stereotyper Weise: »Gärten, durcheilt von Bächen«. Nach dem Text der Genesis schuf Gott einen Garten Eden, von dem aus vier Ströme die Länder bewässerten. Und in China finden wir bei dem taoistischen Philosophen Lieh-tzu die Beschreibung eines Ideallandes, wo es heißt: »Genau in der Mitte des Landes aber liegt ein Berg mit Namen ›Urnenhals‹ (Hu-ling), dessen Gestalt einem Krug ähnelt. Auf seinem Scheitel ist eine Öffnung von kreisrunder Form, ›Nährloch‹ genannt, aus der Wasser hervorquillt, dem man den Namen ›Geisterquelle‹ gegeben hat ... Diese eine Quelle teilt sich in vier Bäche, die den Berg hinabströmen und das ganze Land durchfließen, ohne einen Winkel auszulassen.« (Zit. nach W. Bauer.) Die Zahl »Vier« der Bäche, die in beiden Texten vorkommt, ist symbolischen Ursprungs und meint die vier Himmelsrichtungen als Zeichen dafür, wie vollständig das Land von diesen Flüssen gespeist wird. Nach W. Gaerte gehören kosmische Berge im Zentrum der Welt – am »Nabel der Erde« – und Flüsse, die die Welt in vier Richtungen aufteilen, zu den ältesten kosmischen Vorstellungen überhaupt, die bis in prähistorische Zeiten bei den ersten Jäger- und Sammlerkulturen bezeugt sind (vgl. M. Eliade, 1976). Dadurch wird in beiden Texten deutlich, daß es sich trotz einiger genauer geographischer Angaben durchaus um mythische Beschreibungen handelt, die den Hoffnungen der Menschen konkrete Bilder boten.

Genau in diesem Sinne hatten auch die buddhistischen Vorstellungen vom »Paradies des Westens« schnell eine weitreichende Verbreitung gefunden. Im »Größeren śukhâvati – vyûha – Sutra«, das wegen seiner überquellend detailreichen Beschreibung einer glanzvollen Märchenwelt schon frühzeitig (252 n. Chr.) ins Chinesische übersetzt wurde und unter dem Titel »Großes Sutra des unendlichen Lebens« größten Einfluß ausübte, heißt es: »In diesem Land fließen die verschiedensten Flüsse, einige eine yoyana (= die Strecke eines Tagesmarsches) breit, andere 20, 30, 40 oder 50 yoyanas breit und bis zu 12 yoyanas tief. All diese Flüsse sind herzerfrischend. Sie führen Wasser mit allerlei süßen Düften ... und ihr Rauschen ist voll süßer Musik.« (Zit. nach W. Bauer.) Diesem Passus voran geht eine ausführliche Beschreibung von Bäumen aus Gold, Silber und Edelsteinen und von überdimensionalen Lotosblüten, die Sitz von unendlich vielen goldfarbenen Buddhas sind. Und in ähnlicher Weise fährt die Beschreibung noch einige Seiten lang fort – ein farbiges, anschauliches Bild, das durch die Genauigkeit in den Details ein wenig die Kraft der Spiritualisierung eingebüßt hat, das aber sicherlich – etwa in der Art unserer Märchen – geeignet war, die Phantasie der Menschen auf hoffnungsvolle Weise zu beflügeln.

Tatsächlich hat die Konkretheit dieser Paradiesvorstellungen die Hoffnung und Neugierde der Menschen in einer so unmittelbaren Weise erfaßt, daß sie aufgebrochen sind, diese Länder neu zu entdecken, oder daß sie wenigstens immer wieder ernsthaft versucht haben, sie in der ihnen bekannten Welt richtig zu lokalisieren. So wird auch heute noch vertreten, daß das Vorbild für den Garten Eden mit seinen vier Strömen möglicherweise der Berg im Nordosten Jerusalems, der ursprünglich als einziger den Namen Zion trug, gewesen sei. Er wurde von David erobert und durch ihn zur ersten Tempelfeste des jüdischen Volkes gemacht. »Zion« geht wahrscheinlich auf das hurritische Wort »seja« zurück und bedeutet Wasser oder Fluß. Denn auf dem Berg entspringen – wie schon erwähnt – tatsächlich vier Quellen, und eine von ihnen trug den in der Genesis erwähnten Namen »Gihon«.

Auf diesem Hintergrund gewinnt die Vision des verklärten Jerusalem am Weltenende aus der Offenbarung des Johannes (Kap. 22) eine neue symbolische Bedeutung: »Der Engel zeigte mir auch den Fluß mit dem Wasser des Lebens, der wie Kristall funkelt. Der Fluß entspringt am Thron Gottes und des Lammes« (zit. nach: Das Neue Testament in heutigem Deutsch). Und wie im Garten Eden wächst auch hier der Baum des Lebens, trägt reichlich Früchte und heilt alle Völker. Der Fluß aber ist hier nicht mehr nur eine Schöpfung Gottes, sondern er entspringt ebenso am Thron des Lammes und heißt als solcher »Wasser des Lebens«. Das Lamm ist Christus, der sich zur Vergebung der Sünden den Menschen geopfert hat, und von dem es auch heißt (Joh. 7,38): »Aus seinem Innern wird lebendiges Wasser strömen«.

Das »Wasser des Lebens« wird hier zum rein spirituellen Bild für den Geist und das Erlösungswerk Gottes, das in Christus personifiziert ist. Und wenn das Bild der Schöpfung hier bei der Wiederschöpfung des himmlischen Jerusalem erneut auftaucht, der Strom aber am

Thron des Lammes entspringt, so heißt das, daß erst mit der Erlösung durch Christus die Schöpfung Gottes eine Verklärung erfährt und die Quelle des ewigen Lebens erhält.

Sicher ist es diese Symbolik des Wasser, die der Taufhandlung zugrunde liegt und ihr – im Gegensatz zu den zahlreichen kultischen Waschungen, an die sie anknüpft – ihre spezifisch christliche Bedeutung gibt.

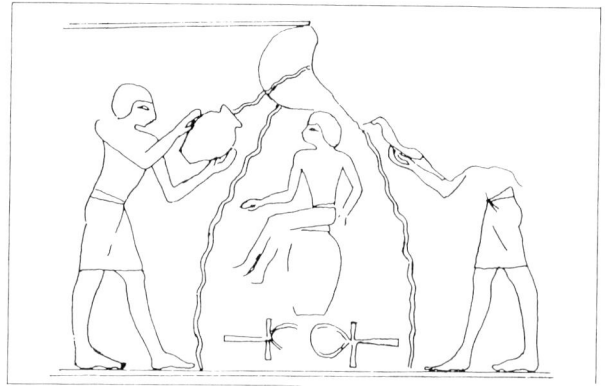

Kultische Waschungen gehören zu den ältesten und zu den allgemeinsten Bestandteilen der Religionen. Ihnen mag die Einsicht in den engen Zusammenhang von Sauberkeit, Gesundheit und Leben einerseits und Schmutz, Krankheit und Tod andererseits zugrunde liegen und ebenso die Erfahrung von der starken Schmutz lösenden Wirkung des Wassers. Die Kostbarkeit des Wassers hat ein übriges dazu beigetragen, die Waschungen sparsam und nur mit dem Bewußtsein ihrer besonderen Bedeutung zu vollziehen. Daher wird wohl von Anfang an bei einer kultischen Waschung die Dankbarkeit für das Wasser und eine geistigseelische Vertiefung der Reinigung eine Rolle gespielt haben. In unserer westlichen, säkularisierten Welt, in der die Notwendigkeit des Waschens durch wissenschaftliche Einsichten in

Gesundheit und Hygiene begründet ist und in der Wasser im Überfluß vorhanden zu sein scheint, haben wir die religiöse Tiefe solcher rituellen Handlungen weitgehend vergessen – auch dort, wo sie noch heute vollzogen werden, wie z. B. im Islam.

Die Vertiefung entsteht dort, wo Sünde bildlich als Schmutz oder Befleckung angesehen wird, so daß die Reinigung des Körpers zugleich eine Reinwaschung von Sünden bedeutet. Sünde aber ist alles, was den Menschen in seiner religiösen und sittlichen Ordnung bedroht. Nach weit verbreiteten Vorstellungen bekommt die Sünde in vielen Dingen eine gleichsam materialisierte Form – z. B. in Kadavern, in unreinen Tieren, in Menstruationsblut –, und durch Berührung dieser Dinge infiziert sich der Mensch gleichsam mit ihr, auch wenn er nichts davon weiß. Von diesen Verunreinigungen zu befreien, ist Aufgabe der rituellen Waschungen.

Wo aber der Begriff der Sünde vertieft ist durch den allgemeineren Begriff des Bösen in der Welt, verknüpfen sich die rituellen Reinigungen mit der Vorstellung der Erlösung. Die Reinigung – häufig ein rituelles Bad – vermag es, den Menschen zu verwandeln und ihn, durch göttliche Kraft, ein neues, von Schuld freies Leben beginnen zu lassen. Diesen Erlösungscharakter haben das Bad oder die Waschung noch in den Märchen, wo ihnen häufig genug die Bedeutung zukommt, ein Wesen aus seiner verzauberten Ungestalt in einen richtigen Menschen zurückzuverwandeln.

Die älteste Religion der Induskultur, deren Blütezeit auf etwa 2300–1750 v. Chr. anzusetzen ist, wurde uns durch aufwendige bauliche Anlagen überliefert, die auf eine zentrale Bedeutung des rituellen Bades schließen lassen.

Heutige Teiche in den Tempelbezirken der Hindus gehen möglicherweise noch auf diese alte Kultur zurück.

Im Kult des Islam spielt die Waschung bis in unsere Tage eine zentrale Rolle, da durch sie eine scharfe Trennung zwischen der Alltagswelt und dem geheiligten Raum, an dem Gott gegenwärtig ist, vollzogen wird. Jede Begegnung mit Gott, auch die im Gebet, wird durch eine rituelle Waschung aus dem Alltagsbereich herausgehoben. Und da der Koran fünf Gebetszeiten pro Tag vorschreibt, wird die Waschung zu einer Platz greifenden Übung im Leben jedes frommen Muslims. Zu jeder Moschee gehört daher ein Brunnen; und manche Quellen sind zu Heiligtümern und Wallfahrtsorten geworden, weil Allah sich bei ihnen offenbart hat – Legenden erzählen ihre Geschichte.

Aber auch im Alten Testament finden wir umfangreiche Vorschriften über das, was als unrein gilt, sowie über die Riten der Reinwaschung. Sie hören sich zunächst wie Hygienemaßnahmen an, werden aber ausdrücklich mit den Begriffen »Sünde« und »Versöhnung mit Gott« zusammengebracht. Rituelle Waschungen mußten vor jedem Gottesdienst vollzogen werden, insbesondere jeder Priester ist den Vorschriften streng unterworfen.

Bei den katholischen Christen sind sie heute noch in einer sehr reduzierten Symbolform gebräuchlich, wenn nämlich der Gläubige beim Eintreten in eine Kirche seine Finger in das Weihwasser taucht und sich bekreuzigt. Auch jede Besprengung mit Weihwasser ist eine auf das Symbol reduzierte Form der Reinwaschung – wenn sie wohl auch als ein Herbeirufen von Gottes Segen interpretiert werden kann.

Die christliche Taufe unterscheidet sich von solchen rituellen Reinwaschungen ausdrücklich durch ihre Einmaligkeit. In ihrer ursprünglichen Form wurde sie durch ein Untertauchen im Wasser vollzogen. Johannes der Täufer rief zur Buße auf und taufte die Gläubigen im Jordan. Und als er Jesus taufte, tat sich der Himmel auf, und der Geist Gottes kam über ihn (Matth. 3). Buße, d. h. ein Sündenbekenntnis, war die Voraussetzung für die Taufe. Das Untertauchen im Wasser entsprach dann einem reinigenden Bad. Doch ist das nur die eine Hälfte der Symbolik. Ebenso bedeutungsvoll ist das Auftauchen aus dem Wasser, bei dem der Heilige Geist in Gestalt einer Taube vom Himmel stieg und Jesus als Gottes Sohn erleuchtete.

Damit knüpft die christliche Taufe an die kosmische Symbolik des Wassers an und an Glaubensinhalte, die aus der ägyptischen Religion bekannt sind: Der Sonnengott Rê vollzieht eine Reinigung, indem er im kosmischen Ozean untertaucht und in das Totenreich hinabsteigt. Nachdem er aber die Urschlange Apophis, das Böse, besiegt hat, steigt er neugeboren zu einer neuen Tagesfahrt wieder aus den Wassern auf.

Auch in der christlichen Taufe symbolisiert das Untertauchen im Wasser ein Absterben des alten Menschen und einen Sieg über das Böse. Die einfachste, traditionelle Form des Taufbeckens ist denn auch eine Halbkugel, die mit einem Wellenornament versehen ist – Symbol für den kosmischen Ozean. Das Auftauchen wäre dann der Nachvollzug von Christi Auferstehung. Jedoch nicht aus eigener Kraft, vielmehr läßt Gott seinen Heiligen Geist in Gestalt einer Taube herabfahren und erneuert so den Alten Bund, den er nach der Sintflut mit dem Menschen geschlossen hatte – auch damals war es eine Taube, die einen Ölzweig zurückbrachte und damit das Zeichen gab, daß die verschlingenden Wasser sich zurückzogen und eine neue, gereinigte Welt ihren Anfang nahm. Durch die Erneuerung von Gottes Bund mit den Menschen wird die Taufe zum Sakrament und zum Symbol einer Wiedergeburt im Glauben.

Da bei uns die Taufe nur noch als ein Besprengen mit Wasser und an kleinen Kindern vollzogen wird, ist das Initialerlebnis des Untertauchens verlorengegangen. Aber das Ausgießen des Wassers bleibt in enger symbolhafter Verbindung zum Ausgießen der vernichtenden Wasser bei der Sintflut und zum Ausgießen des Heiligen Geistes.

BISHER WAR NUR von Quellen und Flüssen die Rede, von den bewegten Wassern unserer Erde, die als solche Symbol des Lebens sind. Die Flüsse sind es, die natürlicherweise zu Siedlungsgebieten wurden, und in deren Bereich sich die ersten städtischen Hochkulturen entwickelt haben: das ägyptische Reich am Nil, die sumerisch-akkadische Kultur an Euphrat und Tigris, die Induskultur und erste chinesische Hochkulturen am Hoangho. Und noch früher sind die ersten Siedlungskulturen der Steinzeit in dem »fruchtbaren Halbmond« zu finden, den Nil, Jordan, Euphrat und Tigris miteinander bilden. Es waren die bevorzugten Siedlungsgebiete, nicht nur weil genügend Trinkwasser zur Verfügung stand, sondern auch weil hier die Erde fruchtbar war und einen Anbau von Getreide und Früchten ermöglichte.

Die Fruchtbarkeit des Erdbodens resultiert, wie wir wissen, nicht nur aus den regelmäßigen Fluten der Flüsse, sondern ebenso aus der allgemeinen Feuchtigkeit, die durch Verdunstung und Niederschlag des Wassers in diesen Flußgebieten entsteht. Erst eine richtige Durchfeuchtung des Bodens macht eine Bebauung möglich und erschließt daher das Land als Lebensraum für den Menschen. Nachdem heute immer noch 85 Prozent der gesamten Anbauflächen der Welt auf natürliche Weise, d. h. durch Regen und andere Niederschläge, bewässert werden, ist es unerläßlich, in einem Kapitel über das Lebenselement Wasser auch über den Regen zu sprechen.

Die Oberfläche unseres Planeten besteht zu drei Vierteln aus Wasser, von dem jedes Jahr etwa 9000 km$^3$ verdunsten und dann als Niederschläge wieder auf die Erde zurückkommen. Tatsächlich regnet ein größerer Teil des aus den Ozeanen verdunsteten Wassers wieder über der Erde, nicht über den Ozeanen, ab. Doch kommt es als Nutzwasser den Menschen nur in einem geringen Bruchteil der durchschnittlichen Niederschlagsmenge zugute, da das meiste in den Polargegenden und Gletschergebieten festgehalten wird. Die wirklich zu nutzende Menge des Niederschlags aber ist über die Jahreszeiten und über die Erdoberfläche sehr ungleich verteilt, so daß sie nur einigen wenigen, bevorzugten Gebieten zugute kommt und andere Teile der Erde manchmal über Jahre hin völlig ohne Wasser bleiben. In den meisten Ländern Afrikas ist die Bewässerung für den landwirtschaftlichen Anbau ein noch immer nicht gelöstes Problem, und in weiten Teilen Asiens wird der Anbau überwiegend mit Hilfe von künstlicher Bewässerung betrieben. Europa dagegen gehört zu den bevorzugten Gebieten, in denen die Niederschläge in dem richtigen Maß gleichmäßig über das Jahr verteilt fallen und so optimale Bedingungen zur landwirtschaftlichen Nutzung der Erde bieten. Wenn wir nun allerdings mit Hilfe unserer Industrie die Luft so verunreinigen, daß der Regen seine ursprüngliche Reinheit verliert, Schadstoffe aufnimmt und dann als »saurer Regen« selber schädigend wirkt, so sind wir dabei, durch Leichtfertigkeit unser kostbarstes Gut zu zerstören.

In den trockenen, wüstenähnlichen Gebieten ist die Kostbarkeit des Wassers immer gegenwärtig. Kommt einmal wirklich ein Regen,

so gleicht er einem Wunder Gottes: Die Wüste begrünt sich über Nacht, herrlichste Blumen gehen auf, Tiere kommen aus den Tiefen hervorgekrochen – die Wüste belebt sich. Der Regen wird – wie das Quellwasser – zum Symbol des Lebens; doch nicht eines Lebens, das aus der Kraft schöpferischer Verwandlung hervorgeht, sondern eines Lebens, das geschenkt ist, ohne Zutun des Menschen, aus Sphären, in denen die Gestirne regieren, und die für den vorwissenschaftlichen Menschen immer schon

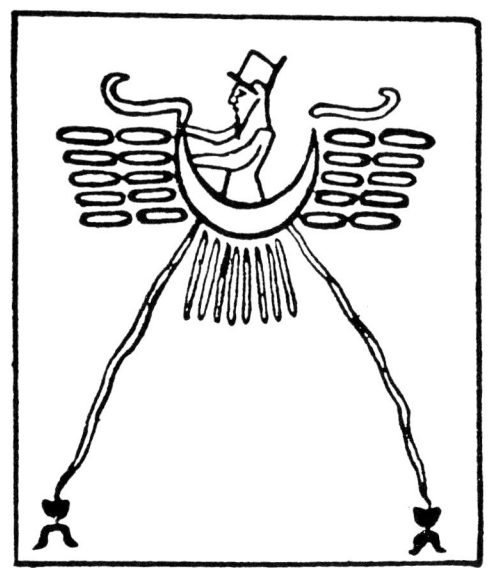

Sitz der Gottheit waren. Regen ist Bild für den Segen Gottes. Und so wird z. B. in zahlreichen Suren des Korans Gott als Spender des Lebens durch den Regen gepriesen; ja, die ganze Schöpfung entstand nach ihnen aus der Gnade Gottes, die Regen niedergehen ließ dort, wo nur Wüste und Leere war.

Die Zusammenhänge des großen natürlichen Wasserkreislaufs sind in China schon verhältnismäßig früh erkannt worden – erste Bemerkungen dazu finden sich im Chi Ni Tzu, wahrscheinlich Ende des 4. Jahrhunderts v. Chr. In den meisten anderen Kulturen wurde der Regen höheren Mächten zugeschrieben. Ausbleiben des Regens war eine Strafe der Götter. Und so gibt es bei fast allen Naturvölkern Opferzeremonien und Regenzauber, die die Götter besänftigen sollen und die durch Imitation des Regens (z. B. Ausgießen von Wasser, Besprengen der Erde oder auch imitierende Trommelrhythmen) der Beschwörung des Regens dienen.

Wenn auch viele weibliche Regengeister bekannt sind – die europäischen Volkssagen sind voll von ihnen –, so hat doch der anschauliche Vorgang, daß der Regen in die Erde eindringt und die Erde dann Leben hervorbringt, weit häufiger den Regen männlich erscheinen lassen. Deutlich ist dies z. B. in dem weit verbreiteten altägyptischen Osiriskult, wo es heißt, daß der Regen der Samen des himmlischen Gottes Osiris sei, der den Schoß der Erdgöttin Isis befruchte. Aus Angola sind Mythen überliefert, in denen der gleichmäßige, sanfte Regen männlich genannt, die heftigen, zerstörerischen Unwetter aber einer Regenfrau zugeschrieben werden.

Hier wird eine Unterscheidung gemacht, die in den großen Religionen eigentlich nur als

Ambivalenz der großen göttlichen Macht dargestellt wird. So wie die Fruchtbarkeit des Regens als Segen Gottes gilt, wird die zerstörende Kraft des Regens als Strafe Gottes angesehen. Eine Sintflut als Strafgericht der Götter ist von vielen Völkern überliefert. Wir wollen hier nur auf einige wenige eingehen.

Im »Popol Vuh«, dem »geheimen Buch des Rates«, das die ältesten Mythen der Mayas von Quiché enthält, wird gleich am Anfang im Schöpfungsbericht von einer solchen Vernichtung der Menschen durch die Götter berichtet:

Als Tzakól und Bitól, die beiden Schöpfergötter der Mayas, den Menschen schaffen wollten, damit er sie anbete und erhalte, machten sie mehrere Versuche, ehe es ihnen gelang. Das erste Wesen war aus Lehm geformt. Aber es war zu weich, hatte keine Kraft. Zwar sprach es, aber es konnte den Blick nicht rückwärts wenden und hatte darum keine Vernunft. Der zweite Versuch war ein Wesen aus Holz. Es sah dem Menschen schon sehr ähnlich, hatte auch eine Sprache, aber es ging auf allen Vieren. Sein Herz erinnerte sich nicht des Himmels, es hatte keine Seele. So vernichteten die Götter ihre beiden Entwürfe in einer großen Flut. Das Antlitz der Erde verdunkelte sich, und ein schwarzer Regen fiel Tag und Nacht. Zur Strafe geschah dies, »da sie weder ihres Vaters, noch ihrer Mutter gedacht hatten, nicht des Herzens des Himmels«.

Neben diesem Bericht gibt es die heute noch lebendigen Erzählungen der Lakandonen-Indianer, die sich als die letzten Nachkommen der klassischen Mayas verstehen und eine der zahlreichen Mayasprachen sprechen. Sie besitzen keine Aufzeichnungen ihrer Mythen, vielmehr geben sie seit Urzeiten ihre Erzählungen über Ursprung und Wirken der Götter von Mund zu Mund weiter, ebenso wie die Erfahrungen ihrer Urahnen und das Wissen von den Wanderungen und Wandlungen der Seele. Es ist das Verdienst von Christian Rätsch, uns heute in Zusammenarbeit mit dem Stammältesten Chan K'in Ma'ax und dessen Sohn K'ayum diese Erzählungen zugänglich gemacht zu haben.

Auch hier gibt es den Bericht einer großen Menschheitsvernichtung durch Regen und Flut. Sie wird nicht als Gottesgericht dargestellt, sie wird nur berichtet. Anschaulich wird ausgemalt, wie zuerst ein Sturm kam, der die Bäume und Häuser durch die Luft fliegen ließ, und wie dann mit dem Regen das Wasser stieg, bis es fast zum Himmel reichte; wie die Bäume in dem Wasser trieben, und wie die wichtigsten Gegenstände des täglichen Lebens sich in Wassertiere verwandelten. Und als dann das Wasser gesunken war, kam eine große Dürre, und die Sonne stieg vom Himmel herab und verbrannte alles, was an Pflanzen noch übriggeblieben war. Der Götterbote Äkinchob hatte aber einen der Urahnen ausgesucht und ihm von dem kommenden Weltenende gesagt, damit er zusammen mit allen Menschen und mit allen Tieren sich in einem riesigen Kanu retten könnte. Als dann nach fünf Jahren und fünf Tagen das Wasser wieder gesunken war und sie alle das Kanu wieder verlassen konnten, kam Äkinchob abermals vom Himmel herab, um neue Bäume zu pflanzen und damit den Wald, die Welt der Lakandonen neu zu erschaffen.

Es ist nicht mit Sicherheit auszuschließen, daß die Lakandonen seit der Eroberung der umliegenden Gebiete durch die Spanier biblische Motive in ihre religiösen Vorstellungen übernommen haben. Zumindest aber ist ihnen das nicht bewußt, und bis auf den heutigen Tag haben sie sich erfolgreich gegen jeden Missionsversuch gewehrt. Daher dürfen wir ihren Bericht der Sintflut wohl als ihr eigenes Kulturgut ansehen.

Die Sintflut des Alten Testaments ist eine der wenigen biblischen Geschichten, die wirkliche Popularität erlangt haben. Immer wieder wurde in der Kunst die Arche dargestellt – deren Bau im 1. Buch Mose (6,14–16) recht genau beschrieben ist – und die lange Reihe der Tiere, die, zu Paaren, auf den Einlaß in die Arche warten. Oder aber wir kennen Bilder von der Arche, wie sie als einsame Insel in den Fluten schwimmt und aus jedem Fenster eines der geretteten Tiere herausschaut. Zahlreiche Bilder haben die Arche vor dem Regenbogen festgehalten – dem bildhaften Zeichen, mit dem Gott seinen neuen Bund mit den Menschen besiegelt hat. Und die Taube, die den Ölzweig zurück in die Arche bringt als Zeichen, daß das Wasser im Sinken begriffen ist, ist heute bildhaftes Symbol für den Frieden geworden.

Der biblische Text geht vermutlich zurück auf eine zum Teil wortgleiche Erzählung von einer Sintflut im babylonisch-assyrischen Gilgamesch-Epos, die sich ihrerseits an eine altbabylonische Übersetzung oder Bearbeitung einer sumerischen Dichtung anlehnt. Dem Epos entsprechend ist sie breit und lebhaft ausgemalt und hat die Ausmaße einer totalen Weltuntergangsvision: denn nachdem die Dämme gebrochen waren und das Wasser die ganze Erde vernichtet hatte, steckten die Annunaken aus der Unterwelt das Erdinnere in Brand, alles Helle ging im Dunkel unter, und die Erde bebte und barst in zwei Teile. Aber der Gott Ea hatte heimlich Utanapischtim den Zorn der Götter verraten und ihm geboten, eine Arche zu bauen, um das Leben zu retten. Utanapischtim baute die Arche quadratisch (anders als Noah) und dichtete sie von innen mit Teer. Er nahm seine ganze Sippschaft, Tiere und Vorräte mit, und nachdem er von Ea das versprochene Zeichen erhalten hatte, schiffte er sich ein. Sechs Tage und sieben Nächte tobte der Sturm, der die Wassermassen vor sich hertrieb. Am siebenten Tag wurde das Meer ruhig und ein Sonnenstrahl fiel durch die Ritzen der Arche. Und nach weiteren zwölf Tagen lief sie auf Grund. Utanapischtim sandte dreimal einen Vogel aus, um zu erkunden, ob es nicht ein trockenes Plätzchen gäbe: zuerst eine Taube, darauf eine Schwalbe und schließlich einen Raben, der nicht wiederkam. Das nahm Utanapischtim als Zeichen, er öffnete das Schiff und ließ alle hinaus. Dann brachte er den Göttern Dankopfer dar.

Berichte von Sintfluten gibt es auch im alten Griechenland, in Indien, China und Australien. Wie ist das zu verstehen? Zweifellos liegen ihnen reale Erfahrungen zugrunde. Und die Bedrohtheit durch reißende, alles verschlingende Wasserfluten ist auch noch in unserer modernen Metaphorik sichtbar, wenn z. B. der junge südkoreanische Dichter Kim Chi-ha von dem »Meer der stummen Wut« spricht, »das einmal eines Tages überfließen muß als ein alles mit sich reißendes, gnadenloses Meer«.

Überschwemmungskatastrophen hat es immer wieder und in vielen Teilen der Welt gegeben. Tatsächlich hat man bei Ausgrabungen in Mesopotamien an drei verschiedenen Stellen meterdicke Lehmanschwemmungen gefunden, die nur durch »Sintfluten« zu erklären sind. Allerdings stammen sie aus verschiedenen Zeiten, von denen die Funde unter dem Hügel Fara, bei den Ruinen von Schuruppak, der Stadt Utanapischtims, die ältesten sind und in die ersten Jahrhunderte des dritten Jahrtausends v. Chr. datiert werden. Eine Überschwemmung der gesamten Erdoberfläche aber schließen die Geologen mit Sicherheit aus.

So wird man dem biblischen Bericht nicht gerecht, wenn man in ihm nur das schriftliche Zeugnis einer weltvernichtenden Naturkatastrophe aus der Urzeit sieht und sie dann – da es eine solche nie gegeben hat – als Erfindung bloßstellt. Für den Menschen der damaligen Zeit, dessen Weltvorstellung sich an Tagesreisen zu Fuß oder zu Pferde maß, mag schon wie Weltuntergang ausgesehen haben, was wir heute als durchaus begrenzte Überschwemmung erkennen können.

Man versteht diese Erzählungen sicherlich besser, wenn man in ihnen den Ausdruck einer Urangst vor der Vernichtung erkennt und eine ursprüngliche Hoffnung auf die Möglichkeit einer Lebenserneuerung.

Die Vision des Weltenendes knüpft an die Vorstellungen des Schöpfungsbeginns: Die Wasser der Meere bedecken die Erde und vereinigen sich mit den Wassern, die vom Himmel fallen. Der kosmische Urzustand wird wiederhergestellt, aus dem heraus eine neue Schöpfung entsteht. In dem Bericht des Popol Vuh ist die Neuschöpfung der Welt durch die Götter Teil der Erzählung. In den anderen angeführten Berichten ist die Arche inmitten der zum kosmischen Urzustand zurückgekehrten Fluten die Urzelle der neuen Schöpfung. Das Wort »Arche« enthält sowohl den lateinischen Begriff »arca« für Kasten, als auch das griechische Wort »arché« für Anfang, Ursprung. Und Noah empfängt sogar von Gott den gleichen Auftrag wie Adam nach seiner Erschaffung: »Seid fruchtbar und mehret euch und füllet die Erde« (1. Mose 1,28; vgl. 1. Mose 9,1).

Das Besondere aber, das die biblische Erzählung von den anderen unterscheidet, ist der Bund, den Gott mit den Menschen schließt. Er verspricht, hinfort keine Sintflut mehr kommen zu lassen, denn »das Dichten des menschlichen Herzens ist böse von Jugend auf« (1. Mose 8,21). Gott sieht, daß die Menschen sich nicht von Grund auf ändern können, und will sie dafür nicht mehr mit Vernichtung strafen. Damit ist die Basis zu einer Gnadenreligion wie der christlichen gelegt.

Zuerst sehen wir vom Wasser
die äußere Gestalt:
nur glänzende Oberfläche,
ein gleißender Körper im Licht,
Lichtspiele sprühend,
sich windend, verändernd,
lebendiges Wesen,
kaum Gegenstand –

Durch seinen Körper scheinen
Blätter, Steine und Muscheln
als eine verborgene Welt,
die aus der Tiefe aufsteigt,
nur einzeln in Formen erkennbar,
doch leuchtend in ihrer Färbung;
bei bewegtem Wasser verworren
und klar, wenn es in sich ruht –

Und in seinem ganzen Volumen
spiegelt das Wasser die Welt,
die außerhalb seiner selbst liegt,
ihm fremd gegenübersteht,
die ihm aus großer Ferne
nur ihre Bilder gewährt
und so auch ohne Berührung
sein ganzes Wesen prägt.

# DAS GEHEIMNIS DER MÂYÂ IN DER MYTHOLOGIE DES HINDUISMUS

NACHDEM WIR VOM WASSER zunächst den Aspekt seiner formgebenden Beweglichkeit behandelt haben, wollen wir uns nun dem Aspekt seiner undurchsichtigen Tiefe zuwenden. In allen Schöpfungsmythen ist der Urozean ein dunkles Wasser, assoziiert mit der Nacht. Er ist ein Zustand, in dem alle Kräfte noch im Gleichgewicht ruhen und jede flüchtige Einzelerscheinung in den farblosen Zustand der Gleichheit eingeschmolzen ist. Als solcher ist er der übermütigen Bewegung der Quellwasser entgegengesetzt, die wir als taghelle Bilder des Lebens sehen.

Der Urozean ist der amorphe Zustand des Noch-Nicht-Seins, der identisch ist mit dem Zustand des Nicht-Mehr-Seins – eine gähnende Leere, wie das Wort »Chaos« sagt, die aber in sich die Fülle aller Möglichkeiten trägt. Es ist der Urzustand des ungeordneten, unerkannten Allgemeinen, aus dem sich jede einzelne Form im schöpferischen Akt der Gestaltung individualisiert. Dies aber gilt für den göttlichen Schöpfungsakt in der Gestaltwerdung des Kosmos genauso wie für jeden Bewußtseinsakt des Menschen. Denn jede Bewußtwerdung ist ein schöpferischer Akt, der aus der Fülle der unbewußten, inneren Vorgänge und ihrer latent vorhandenen Erkenntnismöglichkeiten Bilder formt und zu Zusammenhängen ordnet und auf diese Weise Klarheit schafft, die die zerstörerische, verschlingende Seite der unbewußten Urkräfte überwindet.

Im ägyptischen Mythos des Sonnengottes Amun-Rê ist, wie wir sahen, dieser Vorgang verbildlicht, wenn der Sonnengott bei dem Schöpfungsakt aus den kosmischen Wassern aufsteigt und die Schlange Apophis überwindet. Aber am deutlichsten wird dieses Zusammenfließen von kosmischer und psychischer Bedeutung in der indischen Mythologie des Hinduismus:

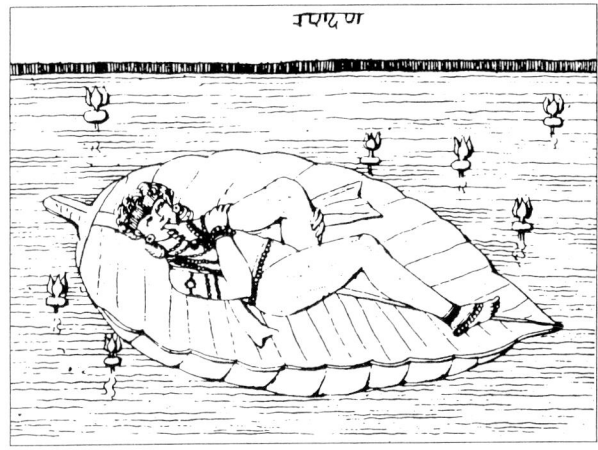

Vishnu, das Höchste Wesen, war eingegangen in das große, alles erfüllende Wasser, schwamm darin, war aber selber Wasser. Noch lag Stille über dem ewigen Ozean. Aber Vishnu beschloß, um sich selbst zu erfreuen, ein Universum aus fünf Elementen, Äther, Luft, Feuer, Wasser und Erde, hervorzubringen. Er bewegte sich leise, und so öffneten sich die Wellen und ließen zwischen sich einen Raum entstehen, den Äther. Dieser Raum fing an zu vibrieren und ertönte in einem zarten Klang, einem klingenden Lufthauch. Der aber wuchs und entfaltete sich in den Raum, dehnte und weitete sich und entfachte unter den Wassern einen gewaltigen Aufruhr. Durch ihre Reibung loderte Feuer empor und verschlang große Mengen der kosmischen Wasser, so daß um den Urozean herum eine weite und mächtige Leere sich wölbte, die himmlischen Räume. Aus dem Ozean selber aber ließ Vishnu die Erde in Gestalt einer einzigen Lotosblüte erblühen. Tausend goldene Blütenblätter sind die tausendfältigen Behausungen aller Götter, der übermenschlichen Wesen und aller Heiligen. An ihrer Unterseite aber haben sich Dämonen und Schlangen eingenistet, und in ihrem Inneren liegt der Kontinent inmitten der Ozeane der Welt.

Wasser durchdringt hier das All, ist seine innerste Substanz. Die fünf Elemente, aus denen das All entstanden ist, sind aus dem Wasser hervorgegangen, das Höchste Wesen selbst ist Wasser. Die Schöpfung des Alls entstand aus einem spielerischen Akt des Höchsten Wesens. Und nach hinduistischer Tradition hat es schon andere Schöpfungen gegeben und wird es noch andere Schöpfungen geben in anderer Gestalt, ebenfalls spielerische Phantasien, den unerschöpflichen Möglichkeiten des Höchsten Wesens entsprungen – zufällige Gestalten, die das im Fluß befindliche Medium Wasser annimmt. Wasser ist hier deutlicher als irgendwo anders die materialisierte Form des göttlichen Schöpfergeistes, Inbegriff des Werdens, nicht so sehr mineralisches Element, als vielmehr stoffgewordenes Fließen, göttliches Fluidum. Und auch heute noch wird im täglichen Ritual Wasser in einem Becher oder einem Krug als greifbares Symbol für die Gegenwart der Gottheit verehrt.

Der Mythos (Matsya Purâna), aus dem der eben frei wiedergegebene Schöpfungsbericht stammt, beginnt mit der Darstellung der all-mählichen Verrottung aller heiligen Grundsätze und Wertvorstellungen im menschlichen Zusammenleben, so daß Vishnu, das Höchste Wesen, sich gedrängt fühlt, diese entartete Welt wieder zurückzunehmen, zu verschlingen, um einen neuen Kosmos voller Reinheit, Ordnung und Harmonie hervorzubringen und dem Zeitenlauf zu übergeben. Nach indischer Vorstellung ist das Leben der Schöpfung ebenso wie das Leben der Natur oder ein Menschenleben dem Kreislauf von Entstehung, Reifung und Zerfall unterworfen. Und so wie Menschenleben immer wieder neu entstehen, oder wie Pflanzen absterben, um sich zu erneuern, so wird auch die Schöpfung immer wieder neu geboren und füllt mit ihrer zyklischen Wiederkehr die Räume der zeitlichen Ewigkeit.

Der Zerstörungsvorgang ist in einer dramatischen Vision als kosmische Ausweitung natürlicher Vorgänge dargestellt: zunächst geht alle göttliche Energie ein in die Glut der Sonne und entzieht der Welt ihren göttlichen Lebenssaft, so daß sie vertrocknet, welkt und aufbricht. Dann aber ballt sich die göttliche Energie zum kosmischen Lebenshauch und wirbelt als ein gewaltiger Zyklon die versengten Teile des Kosmos durcheinander. Und in der Reibung entzündet sich die ausgetrocknete Materie, flackert auf in einem wilden Weltenbrand, in dem alle göttliche Energie zu Feuer wird, und fällt dann in glühende Asche zusammen. Nun erst kehrt der göttliche Geist in seine ursprüngliche Form zurück, er wird wieder Wasser; und in Stürzen von Regen läßt er den glühenden Brand endgültig erlöschen, schwemmt alles fort in einer großen Flut und schlingt es in sich hinein, so daß es wieder eins wird mit dem ursprünglichen Meer allen Anfangs, das Gott Vishnu selber ist.

Wir finden hier das gleiche Einmünden des Weltenendes in den Zustand des Schöpfungsbeginns, wie wir es auch in den anderen Sintfluterzählungen zeigen konnten. In ihnen allen steckt, mehr oder weniger verborgen, die Grundidee, daß das uranfängliche Chaos negative und positive Potenzen in gleicher Weise enthält, die sich aber in dem Vorgang des Verschlingens und dem des Hervorbringens getrennt manifestieren.

Dieses Nebeneinander des negativen und des positiven Aspekts ist in dem doppelten Gesicht Vishnus enthalten – dem grausamen und dem mildtätigen, die sich in seinem unergründlichen, rätselhaften Lächeln vereinigen. Aber es ist überall in der indischen Mythologie gegenwärtig als das große göttliche Geheimnis, das mit dem allgemeinen Begriff »Mâyâ« benannt wird.

Mâyâ ist die göttliche Energie, die ursprüngliche Schöpferkraft, die sich in allen Erscheinungen dieser Welt manifestiert. Und eine seiner ersten und reinen Materialisierungen ist das Wasser, das in fließendem Wandel Formen und Bilder aus sich hervorbringt und wieder auflöst. Dieses Wasser aber, diese stoffgewordene göttliche Kraft des Wandels in allem Seienden ist gleichzeitig der Lebenssaft, der in allen Erscheinungen dieser Welt kreist, in den Dingen, die entstehen und vergehen, in den Pflanzen und Tieren und in den Menschen selbst.

Wer das Höchste Wesen Vishnu und das Geheimnis seiner Mâyâ begreifen will, wer also zu höchster Weisheit gelangen will, muß bereit sein, in den Wassern unterzutauchen und seine verwandelnde Macht auf sich wirken zu lassen. Die indische Mythologie ist reich an Erzählungen, die das Rätsel der Mâyâ in Bilder gefaßt

haben. Einige der bekanntesten ranken sich um die Gestalt des halbgöttlichen Asketen Nârada, der wegen seiner rückhaltlosen, selbstaufopfernden Hingabe an die Gnade des Höchsten eines der großen Vorbilder für den gläubigen Hindu ist.

Als ihm Vishnu in seiner Einsiedelei erschien und ihm als Lohn für seine leidenschaftliche Askese einen Wunsch freigab, bat Nârada ihn um die Enthüllung seiner Mâyâ. Als Antwort hieß ihn der Gott, in den Wassern eines nahe gelegenen Teiches unterzutauchen, um am eigenen Leibe die Mâyâ zu erfahren. Nârada entstieg dem Wasser als Tochter des Königs von Benares und erfuhr in dieser Gestalt alle Freuden der Liebe und das Glück einer Mutter. Dann aber mußte diese Frau erleben, wie zwischen ihrem Gatten und ihrem Vater ein furchtbarer Zwist entstand, der sich zum Krieg ausweitete, und der ihr beide, zusammen mit allen ihren geliebten Kindern und Enkeln raubte. Als sie in der Tiefe ihrer Verzweiflung einen Scheiterhaufen entzündete und sich selber in die Flammen warf, wurde das Feuer zu Wasser, und Nârada fand sich in dem Teich wieder, aus dem ihn der Gott herausführte. Und mit rätselvollem Lächeln erklärte Vishnu, daß Nârada soeben einen Blick in die unergründlichen Tiefen der Mâyâ getan habe.

Diese Erzählung erschließt sich einem auf eine unmittelbare, intuitive Weise, wenn man verstanden hat, daß »Mâyâ«, die lebendige Kraft unendlichen Wandels, nicht nur eine kosmische, sondern ebenso eine psychologische Bedeutung in sich trägt. Mâyâ ist auch innerhalb der menschlichen Persönlichkeit der unstrukturierte, fließende Bereich unendlicher Möglichkeiten, aus dem die besondere Ausprägung eines spezifischen Charakters erst erwächst. Sie ist das Unbewußte, das normalerweise tief verborgen, sich dem Zugriff des Bewußtseins entzieht und doch eben dieses Bewußtsein speist und prägt.

Das Wasser mit seiner unauslotbaren Fülle widersprüchlicher Möglichkeiten ist das Bild für dieses tiefste Unbewußte. Eintauchen in das Wasser bedeutet daher gleichzeitig ein Hinabtauchen in die eigenen Tiefen des Unbewußten, die sich dem Bewußtsein erst erschließen, nachdem die machtvolle Verwandlung durch die unbewußten Kräfte wirklich durchlebt worden ist. Nârada, der die Mâyâ zu ergründen hoffte, wurde auf sich selbst verwiesen und bekam Einsicht in Möglichkeiten und Abgründe, die ihm bei seiner strebsamen Askese bis dahin verborgen geblieben waren.

DER BEGRIFF DES »Unbewußten«, so wie C. G. Jung ihn gebraucht, ermöglicht uns Westeuropäern vielleicht noch am ehesten eine Annäherung an den Begriff der »Mâyâ«. Denn Jung sieht im Unbewußten zum einen die ganze Fülle des instinktiven, unverarbeiteten Erlebens – die er »persönliches Unbewußtes« nennt – und zum anderen die Gesamtheit ursprünglicher, allgemeingültiger Bilder – die er »kollektives Unbewußtes« nennt. Das kollektive Unbewußte vermittelt – nach Jung – in typischen Ausdrucksformen, den sogenannten Archetypen, Erkenntnisse über das Seelenleben des Menschen von einer solch allgemeinen Gültigkeit, daß sie für alle Menschen in allen Kulturen und zu allen Zeiten gleich bleiben.

Eines dieser Urbilder ist das Wasser. Mit seiner Beweglichkeit versinnbildlicht es die Wandelbarkeit des Augenblicks und die unendliche Fülle der noch möglichen Augenblicke. Dies gilt für den Bereich der sichtbaren Erscheinungen in gleicher Weise wie für den psychischen Bereich des Erlebens. Mit seiner Verformbarkeit, die sich in dem zielgerichteten Lauf von oben nach unten und in der gleichzeitigen Anpassung an die von außen gegebenen Bedingungen zeigt, wird es zum Bild des Lebens. Dies wiederum gilt in einem philosophischen Sinne für den Ablauf aller dynamischen Prozesse in der Zeit oder auch, greifbarer, für den Ablauf eines Lebens mit seinen schicksalhaften Bedingungen. Es gilt aber ebenso für den psychischen Prozeß des Erlebens, der in seiner Hauptrichtung durch das Älterwerden und die damit verbundene Veränderung der Wahrnehmung geprägt ist, aber außerdem auf alle von außen andringenden Gegebenheiten sensibel reagiert. Und wenn man schließlich das Wasser als Bild des Erlebens nimmt, d. h. für den Bereich aller wirksamen oder noch schlummernden emotionalen Kräfte im Menschen, so wird das Untertauchen im Wasser zu einem Bild für ein Untertauchen oder auch ein Sich-Überwältigen-Lassen von diesen emotionalen Möglichkeiten – eine Erfahrung, die den Menschen vollständig verändern kann.

Wir konnten zeigen, wie in der hinduistischen Philosophie in diesem komplexen Sinne Wasser als die Materialisierung der Mâyâ angesehen wird. C. G. Jung führt daneben aber noch eine Fülle anderer Beispiele aus Mythos, Märchen und Träumen an, in denen Wasser als Symbol für das Unbewußte steht. Tatsächlich ist eines der immer wiederkehrenden Traumbilder das Wasser als See, zu dem man hinuntersteigt, oder als Meer, in das man hinunterstürzt. Der Weg dorthin führt immer abwärts, in die Tiefe, und ist häufig genug ein Weg, der Beklemmung auslöst, denn der Sprung ins Wasser, das Verlassen des festen Bodens, ist durchaus mit Gefahren verbunden.

Eine griechische Sage erzählt von Narziß, der diesen Sprung ins Wasser nicht gewagt hatte:

Der schöne, junge Knabe erwiderte nicht die hingebungsvolle Liebe der Nymphe Echo. Und so straften die Götter ihn damit, daß er sich selber auf dem Grunde des Wassers erblicken mußte, und daß er so lange von diesem Anblick gebannt bleiben solle, bis er sich selbst erkannt habe. Als der schöne Narziß nun ins Wasser hinabschaute, kam er von seinem Anblick nicht mehr los, sondern erstarrte zur schönen Blume, hingebeugt über die spiegelnde Wasserfläche.

Narziß war noch jung – eigentlich zu jung –, so daß er noch nicht reif war, eine Liebe zu erwidern. Er lebte unbewußt wie ein Kind. Und weil er noch nichts von sich wußte, hatte er nichts, was er der Nymphe Echo hätte entgegenbringen können. Die Liebe kam zu früh und war daher keine beglückende Erweiterung seines eigenen Ich, sondern verwandelte sich in eine Strafe der Götter. Sie störten ihn aus seiner kindlichen Unbewußtheit auf, indem sie ihm sein eigenes Spiegelbild in einem dunklen Wasser vor Augen führten. Zum ersten Mal sah er sich selbst, bewußt, wie von außen – und der Anblick schlug ihn in einen Zauberbann. Er hätte sich aus diesem Bann befreien können, wenn er in dem spiegelnden Wasser sich selber erkannt hätte. Aber dieses eben erwachende Kindergesicht, das das Spiegelbild zeigte, schön wie eine aufgehende Blüte, war nur die Hülle seiner selbst. Wahre Erkenntnis von sich hätte Narziß nur gewinnen können, wenn er gewagt hätte, in diesen Wassern unterzutauchen und das Element auf sich wirken zu lassen. Wenn er auf der Suche nach sich selbst nicht schon bei dem äußeren Anblick haltgemacht hätte, sondern auf dem Weg nach Innen bis in den Bereich des Unbewußten fortgeschritten wäre, hätte sich diese schöne Hülle auch mit menschlichem Leben füllen können.

Wenn man sich nicht in den Spiegel versenkt, zeigt er nur das Gesicht des Augenblicks. Da das Wasser dunkel bleibt, enthüllt es nicht den ganzen Untergrund, auf dem sich dieses Gesicht geformt hat, auch nicht die Fülle möglichen Erlebens, das dieses Gesicht verändern wird. Der Spiegel des dunklen, toten Wassers ist starr, aus dem lebendigen, verändernden

Fluß der Zeit herausgelöst. Wie Narziß hat der spanische Dichter *Manuel Altolaguirre* (1905–1959) in einem Gedicht das Wasser nach sich selbst befragt – allerdings nicht am Anfang seines Lebens, sondern am Ende. Er hatte sich durch das große Dickicht des Waldes geschlagen und wollte nun ermüdet an dem Fluß seiner Kindheit die alte Unbeschwertheit wiederfinden. Aber das Wasser hat kein Gedächtnis, es vergißt wie der Mensch, und so zeigt es dem Dichter nur das neue Gesicht aus Müdigkeit und Schmerzen und hinterläßt in ihm die Furcht, daß es in dieser neuen Form erstarren werde:

Ich fragte dich nach mir, verhaltner Fluß,
du totes Wasser, schlafendes.
Ich fragte dich nach mir, als ich ermüdet
an deinen Ufern mich vom Wald befreite.
Ich, der auf deinen Wassern so viel mal
fröhliche Jugend doppelter gewann.
Hast du dich dieser Zeit entziehn können,
um mich so zu malen unter andern Wolken?
Mein neues Alter und der graue Himmel sagen
mir, daß das Wasser wie der Mensch vergißt.
Obwohl ich fürchte, daß du nicht vergißt, mich nicht
vergißt in dieser neuen Form aus Schmerzen.

Das Gedicht ist Ausdruck einer tiefen Melancholie. Der Dichter hat die Lebendigkeit seiner Jugend am Wasser nicht wiedergefunden, obwohl er an den Ort zurückgekehrt ist, wo er sie damals in vervielfachter Intensität (»alegre juventud multiplicaba«) erlebt hatte. Auch er – wie Narziß – vermochte nicht, sich in das Wasser des Lebens hineinzustürzen, dem sonst verjüngende Wirkung zugeschrieben wird. Ihm fehlte am Ende seines Lebens die Kraft, sich noch einmal dem Wasser anzuvertrauen. Er blieb an den Ufern stehen, und seine Jugend mußte ihm Erinnerung bleiben – Erinnerung, die sich in dem Wasser nicht spiegelte, weil der Dichter es nur wie einen toten Spiegel befragte, nicht aber als Lebenselement.

Der Dichter Altolaguirre hatte nicht mehr die Kraft, in das Wasser – das Wasser des Lebens – einzutauchen. Narziß aber hatte es nicht gewagt – vielleicht, um die Schönheit des Bildes nicht zu stören. Vielleicht aber hatte er nur Angst vor dem lebensgefährlichen Abenteuer. Denn hinabtauchen in das Wasser heißt immer auch, den Boden unter den Füßen zu verlieren. Die Erde mit ihren festen Gegenständen gibt unseren Füßen und Händen Halt. Sie schafft durch ihre Anziehungskraft die räumliche Dimension des Oben und Unten, und durch ihren festen Widerstand ermöglicht sie uns den aufrechten Gang. Alle unsere Bewegungen müssen bemüht sein, unseren Körper in dem labilen Gleichgewicht der aufrechten Stellung zu erhalten, und orientieren sich daher an dem festen Untergrund und allen Gegenständen um uns herum. Im Wasser fehlen diese Orientierungshilfen. Der Mensch muß seine aufrechte Haltung, die ihn über die Erde erhebt, aufgeben und sich dem Element Wasser ganz anvertrauen.

Dieses Hinabtauchen aber ist lebensgefährlich. Die Wasser drohen, ihn zu verschlingen, wenn er sich innerlich an die Erde klammert, und wenn daher die Angst seine Bewegungen hemmt oder falsch koordiniert. Nur wer schwimmen kann, findet sich in den Fluten des Wassers zurecht. Schwimmen aber bedeutet die harmonische Koordination aller Bewegungen aus einem inneren Zentrum heraus.

Diese Fähigkeit ist beim Neugeborenen vorhanden als eine Art instinktiver Erinnerung an die Zeit des Wachstums im Mutterleib. Mit fortschreitender Anpassung an die Erfordernisse der festen Umwelt geht sie verloren und kann dann erst später durch bewußte Anstrengungen wieder neu erlernt werden. Diese physischen Erfahrungen können ohne weiteres auf das seelische Erleben übertragen werden: das Kind kann sich, solange es im Schutz der Familie lebt, unbeschadet im subjektiven Raum seines unbewußten Lebens bewegen. Doch die selbständige Orientierung in der Welt oder die eigene Lebensbewältigung erfordern ein Gerüst von bewußten Erfahrungen und davon abgeleiteten Reaktionsweisen, von aufgebauten Erkenntnissen und einem festgefügten Wertesystem. Dieses Gerüst, das zu jedem Reifeprozeß benötigt wird, besteht zunächst in überwiegender Weise aus anerzogenen, angelernten Verhaltensweisen und Denkschemata und verdrängt das unbewußt gesteuerte, instinktive Handeln des Kindes. Dies trägt die Gefahr einer Verkümmerung des gesamten emotionalen Lebens in sich oder aber die der Persönlichkeitsteilung in verschiedene angelernte »Rollen« mit bestimmten Funktionen. Nur wenn es dem heranreifenden Menschen gelingt, über das Gerüst der erlernten Verhaltensweisen hinaus auch sein bis dahin unbewußtes Erleben mit Bewußtsein wahrzunehmen und in Einklang mit dem Erlernten zu bringen – nur dann wird er der Forderung des »Erkenne dich selbst« gerecht, die die Götter an Narziß stellten, und nur so kann er zu seiner eigenen, vollständigen Persönlichkeit gelangen. Und wie der trainierte Schwimmer im Vergleich zu dem »paddelnden« Säugling, so ist der Mensch, der auf diese Weise die Ganzheit seiner Person um ein inneres Zentrum herum aufgebaut hat, in wirkungsvoller Weise gewappnet, die Konflikt- und Krisensituationen des Lebens heil zu überstehen. C. G. Jung nennt dies den Prozeß der Individuation. Er kann sich nur vollziehen, indem sich der Mensch dem Leben und Erleben auch aussetzt. Narziß aber hat sein Ich, diese unverwechselbare innere Ganzheit seines Wesens, nicht gefunden, denn er verharrte im Anschauen und wagte nicht, sich in die Fluten des Erlebens zu stürzen.

Taucht der Mensch hinab in die Gewässer des Unbewußten, so muß er dieses Gerüst wieder verlassen, das Wertesystem verschwimmt, die alten Erkenntnisse lösen sich auf, die Erfahrungen finden keine Entsprechungen mehr. Alle Wahrnehmung der Welt gerät ins Fließen, und die Orientierung droht sich zu verlieren. Ein neueres indisches Märchen erzählt, wie der bekannte Heilige Nârada auf seiner Suche nach der magischen Macht der Mâyâ von den Wassern verschlungen wurde: er ging mit Vishnu, dem Höchsten, unter der glühenden Sonne über kahles Land, und der Gott bat ihn, etwas Wasser zu holen. Aus dem ersten Haus eines nahe gelegenen Dörfchens aber, wo Nârada um Wasser bitten wollte, trat ihm ein freundliches, sanftes Mädchen entgegen, und Nârada vergaß sogleich seinen Auftrag. Er ließ sich als Gast in das Haus bitten und fühlte sich in der fröhlichen Familie zuhause, als habe er schon immer dazugehört. Nach einiger Zeit heiratete er das reizende Mädchen, bekam drei

Kinder und nahm, nach dem Tod seines Schwiegervaters, dessen Stelle als Oberhaupt in dem Hause ein. Er lebte in Glück und Zufriedenheit, bis im zwölften Jahr in einer überaus heftigen Regenzeit die Flüsse über die Ufer traten und eine große Flut das ganze Dorf überschwemmte. Und als er selber vergeblich versuchte, seine Frau und die Kinder zu retten, glitt er aus in dem schlüpfrigen Schlamm, und die Flut riß ihn davon, daß er das Bewußtsein verlor. Doch als er wieder zu sich kam und fassungslos über sein Unglück weinte, hörte er neben sich die Stimme Vishnus und erkannte erst jetzt, daß er sich eigentlich in der öden, sonnendurchglühten Gegend befand und losgegangen war, etwas Wasser zu holen.

Wieder einmal hatte Nârada auf der Suche nach der magischen Kraft der Mâyâ einen Blick in sein eigenes Inneres getan. Aber die Wasser an dem tiefsten Grunde seiner Seele, in denen er das göttliche Sein erkennen wollte, waren aufgewühlt durch die Begierden, mit denen er am Leben hing, und hatten ihn verschlungen.

Ein Hinabtauchen in die Wasser des Unbewußten erfordert in bewußter Anstrengung das völlige Sich-Loslösen von den Zwängen, dem Trachten und Fürchten im äußeren Leben. So wird das sonst unruhig bewegte Innere still und gibt den Blick frei bis an den Grund der Tiefen. Die östlichen Religionen geben mit ihren Übungen des Yoga Techniken an die Hand, um dieses Stille-Werden zu vollziehen und sich bis in die tiefsten Tiefen der Erkenntnis zu versenken.

IN DEN WESTLICHEN Kulturen sind die Techniken der Versenkung weitgehend unbekannt, und das Christentum hat keine vergleichbaren Anleitungen zum Weg nach Innen gegeben. So bleiben die Tiefen des Unbewußten dunkel und unheimlich, und die Angst vor ihrer Dunkelheit und ihren Gefahren überwiegt die Ahnung von ihrer Lebensnotwendigkeit und ihrem Reichtum. Doch auch hier ist Wasser das Medium, das die Ahnungen von den unbewußten Tiefen vermittelt.

Es sind dies die Wasser, die im diffusen Licht der Dämmerung und des Nebels zu einem Reich des Unwirklichen, Traumhaften werden, so offen und fließend, daß sie die Gestalten unserer eigenen Ängste, Sehnsüchte und Ahnungen annehmen. Die modernen Psychologen sprechen dabei von dem Vorgang der Projektion; die Dichter erkennen ihn – wie der Chilene *Alberto Baeza Flores* (geb. 1914) sagt – als den eigentlichen Vorgang schöpferischen Benennens: »Der Meerbaum erwartet dich, wenn du träumst, ... damit du ihm Namen gibst in deinen Spielen.«

Volkssagen und Märchen sind reich an Bildern von Geistern, die aus dem Wasser steigen und einen zu sich in die Tiefe ziehen, oder auch von versunkenen Schätzen am Grunde geheimnisvoller Gewässer. Erwähnt seien hier die in Deutschland weit verbreiteten Sagen von Mummelseen. Sie haben ihren Namen daher, daß es auch bei Sonnenschein in ihren Tiefen dumpf brummelt und mummelt.

Nach einer dieser Sagen soll sich am Grunde des Sees ein versunkenes Kloster befinden, in dem auch noch reizende Nonnen leben – vielen

Menschen waren sie schon begegnet. Doch eine von ihnen wurde von einem Bauernsohn liebgewonnen, und der tanzte mit ihr, daß sie die Zeit vergaß und Mitternacht vorüberging. Da mußte sie sterben, und von da an ward nie wieder eine der Seejungfrauen gesehen.

Diese Gestalten aus den Tiefen der Wasser, Projektionen unserer eigenen Ängste und Träume, können einen hinabziehen in einen Bereich, in dem alles fließend und konturenlos ist und die Klarheit des hellen Tages keinen gestaltenden Zugriff mehr hat. In ihnen spiegelt sich die Furcht vor den eigenen Emotionen, die die schwache Klarheit des Bewußtseins allzu leicht zerstören, überhand nehmen und einen dann verschlingen. Es ist die Furcht des Menschen, nicht mehr Herr, sondern Opfer seiner Gefühle zu sein. C. G. Jung versteht die meisten religiösen Riten primitiver Völker – wie Geisterbannung, Teufelsaustreibung, Abwendung böser Omen, Purifikationen – als einen kollektiven Schutzwall gegen Affekte aus dem Unbewußten, die immer die Gefahr in sich tragen, einer »Besessenheit« Raum zu geben.

Auf der anderen Seite aber müssen in diesen Sagen auch die Gestalten der Tiefe sich gegen die Welt des hellen Tages schützen, und sie dürfen nur zu bestimmten Zeiten und nur vorübergehend an die Oberfläche kommen, um selbst am Leben bleiben zu können. Die Bezauberung und Erlebnistiefe, die aus dem verborgenen Bereich des Unbewußten erwächst, geht verloren, wenn man seine Gestalten in den wohlbekannten, klar konturierten Bereich der sichtbaren Alltagswelt mit hineinnehmen will. Natürlicherweise ist die Zeit ihrer Macht die

Nacht, denn dann ist die Alltagswelt in Dunkel entrückt, und der Mensch, auf sich selbst zurückgeworfen, öffnet sich inneren und äußeren Traumbildern.

Die Vermittlung von Weisheiten der Gefahren, Ängste und Reichtümer des tiefen Unbewußten hat, wie schon im Zusammenhang mit der Suche nach dem Wasser des Lebens deutlich wurde, mit den Märchen und Sagen eine lange Tradition. In ihnen gleicht der Weg in die Tiefen des Unbewußten häufig einem engen, dunklen Schacht: es ist das Motiv des Brunnens, in dessen Wasser z. B. der junge Prinz sein Spiegelbild erblickt (Eisenhans) oder das junge Mädchen sich hineinstürzt (Frau Holle), um verwandelt wieder aus dem Brunnen herauszusteigen.

Wir wollen uns das Grimmsche Märchen »Eisenhans« genauer anschauen, weil in ihm die Symbolik exemplarisch ist.

Eisenhans war ein wilder Mann, braun wie rostiges Eisen, der am Grunde eines dunklen Pfuhls lebte, im Walde des Königs, und alle Lebewesen, die sich ihm näherten, zu sich herabzog. Er wurde von einem mutigen Jäger entdeckt, der beobachtet hatte, wie sein Hund in die Tiefe gezogen worden war, und darum alles Wasser mit Eimern ausschöpfte. Der König ließ den wilden Mann binden und sperrte ihn in einen Käfig.

Nun traf es sich, daß der achtjährige Sohn des Königs beim Spiel seinen goldenen Ball in diesen Käfig fallen ließ. Der wilde Mann aber wollte ihn nicht eher wieder herausgeben, als bis ihm die Türe geöffnet würde. So holte der Knabe heimlich den Schlüssel unter dem Kopfkissen der Mutter hervor und schloß den Käfig auf. Der wilde Mann eilte davon und nahm aber den Knaben, der sich vor der Strafe der Eltern fürchtete, mit. Er versprach ihm Glück und Reichtümer, falls es ihm gelänge, bei seinem Goldbrunnen zu sitzen und das kristallklare Wasser zu bewachen, damit nichts hineinfiele und ihn verunehre. Doch der Knabe bestand die Probe nicht: als er sich tief hinabbeugte, um recht sein Spiegelbild zu betrachten, fielen ihm seine langen Haare von den Schultern hinab in das Wasser und waren im Nu vergoldet, glänzend wie die Sonne. So mußte er fort und als armer Junge sich durchschlagen, doch Eisenhans versprach, ihm aus jeder Not zu helfen: »Meine Macht ist groß, größer als du denkst, und Gold und Silber habe ich im Überfluß.«

Der Jüngling verdingte sich bei einem König, erst als Koch, dann als Gärtner. Und als das Land mit Krieg überzogen wurde und der König mit seinem Volk dem übermächtigen Feinde kaum Widerstand leisten konnte, da lief der Jüngling in den Wald, ließ sich von Eisenhans ein Pferd, eine Rüstung und ein ganzes Heer geben und kam dem König siegreich zu Hilfe. An den goldenen Haaren erkannte die Prinzessin in dem Gärtnerjungen den strahlenden Helden aus dem Kampfe wieder. Es wurde glückliche Hochzeit gefeiert, zu der auch der Vater und die Mutter des jungen Prinzen kamen und Eisenhans, der durch den Jüngling erlöst und in einen stolzen und reichen König verwandelt worden war.

Das Märchen heißt »Eisenhans« und erzählt doch eigentlich in der Hauptsache die Abenteuer, die der junge Sohn des Königs in seiner Entwicklung vom spielenden Knaben bis zum kriegerischen Helden und heiratsfähigen Jüngling erlebt. Was hier erzählt wird, ist wieder – wie im Märchen vom Wasser des

Lebens – die entscheidende Zeit der Reife vom Kind zum Erwachsenen. Der Eisenhans spielt für diese Entwicklung eine wichtige Rolle und wird daher in dem Titel hervorgehoben.

Eingeführt wird der Eisenhans durch die unheimlichen Vorgänge um ihn herum: erst wird erzählt, daß die Jäger und Hunde in der Dunkelheit des Waldes verschwinden und nicht wiederkehren. Dann aber entdeckt ein mutiger Jäger mitten im Wald den dunklen Pfuhl, das moorige Wasser, sieht, wie ein nackter Arm seinen Hund in die Tiefe zieht, und findet schließlich am Grund des Wassers den Eisenhans als wilden Mann.

Sicher gibt es verschiedene Zugangsmöglichkeiten zu diesem Bild. Doch nach allem, was wir bis jetzt von der Symbolik des Wassers wissen, liegt es nahe, in dem dunklen, schlammigen Pfuhl, in dem undurchsichtigen, nachgiebigen Moorwasser ein nach Außen projiziertes Bild seelischen Erlebens zu sehen – eine Interpretation, die das ganze Märchen auf sinnvolle Weise aufschließt. Gemeint ist der ganze diffuse Bereich unklarer Empfindungen, der zunächst negativ mit Ängsten und Vorurteilen besetzt ist. Es ist der Bereich des Unbewußten, an dessen Grund wilde Kräfte verborgen liegen, die einen zu verschlingen drohen, wenn sie entfesselt sind. Es ist daher nur konsequent, daß der weise und strenge König diesen wilden Mann in Fesseln legen und in einen Käfig sperren läßt – er nimmt ihm damit nicht sein furchterregendes Ansehen, aber er hindert ihn an der Ausübung seiner negativen Macht.

Der Sohn des Königs aber verlor seinen goldenen Ball in den Käfig. Das liebste und wertvollste Spielzeug des Knaben wurde von dem wilden Mann festgehalten. Was Inhalt und Reichtum seiner verspielten Kindheit bedeutete, war in den verbotenen Bereich geraten, in den väterliche Strenge die wilden Kräfte verbannt hatte. Das Spiel selbst, in dem der Knabe mit sich und der Kugel allein war, hatte ihm den Weg in diesen gefürchteten Machtbereich des Eisenhans gewiesen. Es dauerte drei Tage – so wird erzählt – bis er es wagte, den Käfig aufzuschließen. Dann aber beging er bewußt den Akt des Ungehorsams und befreite sich aus dem Schutzraum, mit dem die Eltern ihn umgaben. Er raubte der Mutter den Schlüssel, den Zugang zu dem verbotenen Bereich seiner Ängste, Träume und Sehnsüchte, und ließ damit selber den wilden Mann mit all seinen unheimlichen, unbekannten Kräften frei. Aber aus lauter Angst vor den Eltern wegen seines Ungehorsams floh er vor ihnen und ließ sich von dem wilden Mann auf dessen Schulter entführen – tief in den dunklen Wald hinein, der ebenfalls ein Bild für das ungeordnet gewachsene Dickicht des Unbewußten ist.

Nachdem der Knabe ihn aber freigelassen hatte, war der Mann auf einmal gar nicht mehr so wild. Er entführte den Knaben nicht gewaltsam, sondern zum Schutz vor dem strafenden Zugriff der Eltern trug er ihn fort auf seiner starken Schulter wie in der Legende der Heilige Christopherus das Christuskind. Und indem er versprach, daß der Knabe es gut haben solle bei ihm, zeigte er ihm seinen größten Schatz, einen Goldbrunnen, hell und klar wie ein Kristall – ein fast heiliger Brunnen, der bewacht werden mußte, damit nichts hineinfiele und er nicht verunreinigt würde. Der wilde Mann war mit dem vertrauensvollen Knaben nicht in seinen dunklen, schlammigen Pfuhl zurückgekehrt, sondern dessen Wasser war jetzt für den Knaben ein heller, klarer Goldbrunnen, der mitten im dichten Wald leuchtete. Und er selbst wird von jetzt an nicht mehr »der wilde Mann« genannt, sondern nur noch »Eisenhans«. Der Knabe, der sich im Vertrauen in den dunklen und darum unheimlichen Bereich gewagt hatte, entdeckte nun in seinem tiefsten Innern Helle und Klarheit, und von den Kräften, die er freigelassen hatte, erfuhr er Schutz und Wohltätigkeit.

Diesen Schatz in seinem tiefsten Inneren, diese kostbare Quelle, hütete der Knabe, so gut er konnte, und schützte sie vor jeder Verunreinigung von Außen. Doch freilich konnte er die Probe nicht bestehen, den Brunnen nicht wirklich vor dem Zugriff der Außenwelt bewahren, sondern er mußte den Schatz wieder verlieren und aus der verborgenen Welt innerer Reichtümer wieder zurückkehren in die äußere Welt der mühevollen Lebensbewältigung. Aber im klaren Wasser des Goldbrunnens hatte er einmal sein Spiegelbild gefunden, hatte sich selbst in die Augen geblickt – und das hatte ihn gekennzeichnet. Das Wasser hatte seine Haare vergoldet, so daß sie, weithin sichtbar, seinen Kopf wie eine Sonne erstrahlen ließen. Und ein anderes nahm der Knabe noch aus dem dunklen Bereich des Eisenhans mit: die Möglichkeit der Zuflucht zu seiner großen Macht und seinen unendlichen Reichtümern, d. h. dem Wissen von der Macht der freigelassenen emotionalen und vitalen Kräfte und vom vielgestaltigen Reich der eigenen Seele.

Der Knabe schlug sich tapfer durch und verdiente hart sein Brot. Um die Spuren seines inneren Schatzes zu verbergen, trug er immer ein Hütchen. Dadurch wurde er fast zum verlachten und verachteten Sonderling. Nur die Prinzessin gewahrte den leuchtenden Kopf und erkannte in ihm den Königssohn. – Nur zweimal griff der Jüngling zurück auf die Kräfte, die ihm der Mann aus dem dunklen Pfuhl zur Verfügung stellte: einmal, um dem König zu helfen, seine Feinde zu besiegen, und das andre Mal, um die Hand der Prinzessin zu erringen. Er hatte seine geheimen, verborgenen Kräfte nicht mißbraucht – und so konnte er auch den Eisenhans erlösen, diese Personifikation aus dem Wasser, Gestalt aller unbewußten seelischen Kräfte: er war nun nicht mehr der wilde Mann, vor dem man sich fürchten mußte, sondern er war zum strahlenden Herrscher über unermeßliche Reichtümer geworden.

DAS STEHENDE WASSER eines Teiches ist für den ruhigen Betrachter ein unmittelbar verständliches Bild für die Gesamtheit menschlichen Erlebens, denn es bietet eine ganzheitliche Schau mehrerer Realitätsebenen. Das Wasser selbst ist ein greifbarer Stoff, sichtbar, wenn es sich bewegt, und voll der Vielfalt und Willkür an Bewegungen, wie ein lebendiger Körper. Ist es aber still, wirkt seine Oberfläche wie ein Fenster, das Durchblick gewährt auf weitere und tiefere Räume, die dahinter liegen. Denn durch das Wasser hindurch wird der Untergrund erkennbar. Ist das Wasser bewegt, so hinterläßt dieser Untergrund nur eine undeutliche Färbung und Strukturierung des Gesamtbildes. Ist es aber ruhig, so wird der Untergrund in seinen Einzelheiten erkennbar als eine eigene, vielfach strukturierte Welt. Sie verbindet sich mit den Gestalten auf der Oberfläche, dem Spiegelbild, und gibt ihnen ihre besondere Färbung. In der Spiegelung aber zeigt das Wasser eine dritte Realitätsebene, nämlich den Bereich von all dem, was sich über das Wasser erhebt. Auch dieses Spiegelbild ist nur dann klar zu erkennen, wenn das Wasser still ist. Bei Bewegungen werden die Linien und Formen verzerrt oder verwischen sich ganz, so daß nichts mehr übrigbleibt als eine allgemeine Verdunkelung der Oberfläche.

Das Wasser ist das erste – weil von der Natur gegebene – Medium, in dem der Mensch sich selbst erblickt hat. Und dieser Moment, indem man sich zum ersten Mal sieht, bewußt und von außen, wie einen fremden Gegenstand, hat meist einen schockartigen Erlebnischarakter, begleitet von Ängsten, Abwehr, Neugier und Wünschen. Er setzt den ganzen Vorgang der Bewußtwerdung in Gang oder ist zumindest ein wichtiger Faktor in dieser Entwicklung. Denn das Spiegelbild führt ein anderes Bild vor Augen als das, was man sich normalerweise von sich selber macht. Ein »alter ego« – nicht notwendig, wie C. G. Jung meint, ein negatives Bild, die Schattenseite, aber doch ein Bild, das die bisher verborgenen oder auch verdrängten Möglichkeiten des Ich erkennen läßt; ein Bild, das die bekannte Erscheinung durch seine Kehrseite ergänzt und dadurch erst vollkommen erscheinen läßt.

Spiegelsymmetrien tragen, wenn sie auch die einfachsten Symmetrien sind, schon den Reiz ästhetischer Vollkommenheit an sich. Und daher sind Spiegel frühzeitig als Symbol der Vollkommenheit mit magischer Wirkung angesehen worden. So ist von frühester Zeit an die Kreisform für die Spiegel bevorzugt worden als Sinnbild des Vollkommenen, Uranfänglichen.

In einem allgemeinen Sinne aber bringt die Spiegelung ihr Urbild uns dicht vor die Augen, vermag, Fernes nahezurücken und sogar Verborgenes sichtbar zu machen. Diese Möglichkeit hat von frühester Zeit an den Geist der Menschen bewegt. Insbesondere die Spiegelung des Mondes im Wasser, eines der eindrücklichsten Schauspiele der Natur, war immer wieder Anlaß, über die Realität eines göttlichen Urbildes zu reflektieren und über unsere begrenzten Erkenntnismöglichkeiten. So gibt es aus der Han-Zeit (206 v.–220 n. Chr.) bei den Chinesen kreisrunde Metallspiegel, die auf der Rückseite die symbolische Darstellung des Kosmos erkennen lassen.

Gerade die Lyrik hat das Motiv der Spiegelung im Wasser immer wieder aufgegriffen und die verschiedenen Aspekte seiner Symbolik sprachlich verdichtet. Als Beispiel sei hier der Anfang eines Gedichtes ohne Titel von *Rainer Maria Rilke* kurz erläutert:

Waldteich, weicher, in sich eingekehrter –,
draußen ringt das ganze Meer und braust,
aufgeregte Fernen drücken Schwerter
jedem Sturmstoß in die Faust –,
während du aus dunkler unversehrter
Tiefe Spiele der Libellen schaust.

Was dort jenseits eingebeugter Bäume
Überstürzung ist und Drang und Schwung,
spiegelt sich in deine Innenräume
als verhaltene Verdüsterung;
ungebogen steht um dich der Wald
voll von steigendem Verschweigen.
Oben nur, im Wipfel-Ausblick, zeigen
Wolken sagenhafte Kampfgestalt.

Schein und Realität vermengen sich in einer Spiegelung und werfen die Frage auf: was ist real? Rilke zeigt sich von ihr in grundlegender Weise betroffen. Er schrieb das Gedicht im Jahre 1914, zu einer Zeit, in der er in einer Art Moratorium begriffen war, in einer Innenschau, weil ihn die Schrecken eines drohenden Krieges und seine eigene Unfähigkeit zum Wort bedrängten. Die Reihe der »Ding-Gedichte«, der sprachlich verdichteten, ästhetischen Bilder reiner Anschauung, hatte er abgebrochen, weil ihm auf einmal ein Erleben fragwürdig erschien, das sich in intensiver Anschauung und sprachlicher Aneignung erschöpfte. Die Frage, ob die Welt der Dinge oder die der inneren Bilder und Empfindungen

mehr Wirklichkeit enthielten, wurde ihm zum ernsthaften Problem. Und im Laufe dieser Zeit bekannte er sich mehr und mehr zur Übermacht seiner inneren Bilder, so daß er 1922 mit den Elegien auf Schloß Duino den Fluß der Worte wiederfand.

Das Gedicht, zu dem die genau gezeichnete Spiegelung im Teich die Einleitung bildet, ist Ausdruck dieser Unentschiedenheit und Beunruhigung. Der Waldteich, der – wie Rilke sagt – mit seiner Spiegelung weich in sich selbst eingekehrt ist, wird zu einem eigenen Raum, dessen Inneres sichtbar ist, zum Innenraum, der die Assoziation zur Innenwelt Rilkes freigibt. Der Wald um ihn herum ist still, schirmt ihn wie eine Wand ab, die Unruhen der Außenwelt verschweigend. Mit nur ganz wenigen Wörtern wird angedeutet, daß Rilke im Jahre 1914 eine Außenwelt meint, die bereit war, sich in die grausigen Wirren des ersten Weltkriegs zu stürzen: Schwerter, Sturmstoß, Faust, Kampfgestalt lassen erahnen, was sich hinter »Überstürzung, Drang und Schwung« verbirgt. Nur gespiegelt reicht die Außenwelt in diesen Innenraum, ihn schattenhaft verdüsternd. Rilke sieht die Trennung beider Welten in gesteigertem Maße – aber er sieht noch nicht die Möglichkeit ihrer Verschmelzung. Der von Wald umschlossene Teich ist ihm Bild für die eigene Innerlichkeit, doch empfindet er in ihr die Enge einer ästhetischen Idylle, die sich von der Dynamik der Außenwelt abwendet – Ausdruck dafür: die Spiele der Libellen. Die Tiefe des Wassers, die einen neuen Raum seelischer Tiefen eröffnen würde, bleibt ihm dunkel, denn auch hier zeigt er sich noch im An-Schauen befangen. Die Einkehr nach Innen bleibt analytische Schau, wird nicht in Erlebnis umgesetzt, das – ähnlich einer mystischen Schau –

die Kräfte wahrnehmen könnte, die Außen- und Innenwelt verbinden, weil beide ihnen gleichermaßen unterworfen sind.

Rilkes innere Zweifel, die das gesamte Gedicht durchziehen, sind Ausdruck der Erkenntnisproblematik in unserer wissenschaftsgläubigen Zeit. Die östlichen Weltanschauungen dagegen haben in konsequenter Weise jede Erkenntnis nach innen verlegt. Denn durch den Glauben an die zyklische Wiederkehr aller natürlichen Erscheinungen – der Pflanzen und Tiere, des Menschen wie der Gestirne – ist ihre Realität in gleicher Weise relativiert. »Wirklich« und daher Ziel aller Erkenntnissuche ist nur das Unwandelbare, das allem gemeinsam ist, das wahre Sein, das hinter allen Erscheinungsformen liegt. Daher muß sich der Suchende freimachen von der Eigenart der Erscheinungen und sich in die Dinge versenken, um durch sie hindurchschauen zu können. In diesem Zusammenhang ist das Wasser mit seiner Fähigkeit zur Spiegelung und zur Durchlässigkeit eines der hilfreichsten Bilder. Und in einem frühen buddhistischen Text, dem »Traktat der Amitâbha-Meditation«, von dem C. G. Jung berichtet, ist denn auch als eine der ersten Stufen der Versenkung die Imagination eines klaren, Licht spiegelnden Wassers genannt, das aber dann in seiner Klarheit erstarrt, fest wird wie Edelstein, um Durchblick auf die dahinterliegenden, lichtvollen geistigen Räume zu gewähren.

In der westlichen Welt haben wir, wie bereits gesagt, die Techniken zu einem Abstieg zu innerer Wahrheit nicht zur Verfügung, und so bleibt uns dieser Bereich dunkel und traumhaft. Gleichwohl ist die Ahnung vorhanden, daß dort das Weltgeheimnis zu finden sei. Und der Mexikaner *Octavio Paz* hat auch in unserer Zeit Worte gefunden, um diesen Weg zu weisen. Es sind Worte voller Rätsel und Dunkelheit – so wie die Tiefen in unserer Vorstellung immer dunkel sind, und es sind Worte voll von traumhafter Symbolik, die die Bezüge zwischen innerer und äußerer Wirklichkeit verschieben und schließlich zu einem verschmelzen:

Die Nacht der Pferdeaugen, die zittern in der Nacht,
die Nacht der Wasseraugen im schlafenden Land
ist in deinen Augen eines Pferdes, das zittert,
ist in deinen Augen eines geheimen Wassers.

Augen von Schattenwasser,
Augen von Brunnenwasser,
Augen von Traumwasser.

Das Schweigen und die Einsamkeit,
wie zwei kleine Tiere, geleitet vom Mond,
trinken an diesen Augen,
trinken an diesen Wassern.

Öffnest du die Augen,
öffnet sich die Nacht der Türen aus Moos,
öffnet sich das geheime Reich des Wassers,
das aus der Mitte der Nacht quillt.

Und wenn du sie schließt,
überflutet dich innen ein Fluß,
eine sanfte verschwiegene Strömung dringt an und
   macht dich dunkel:
die Nacht netzt Ufer in deiner Seele.

In seinem Gedicht »Nächtliches Wasser« nennt Paz die dunklen Wasserspiegel in der nächtlichen Landschaft »Augen«: Augen, die mit ihrem tiefen, träumerischen Blick von scheuem Leben sprechen wie die Augen eines zitternden Pferdes. Es sind Augen, in denen man die tiefen Geheimnisse einer beseelten Welt lesen kann. Sie haben die Dunkelheit und die Tiefe des Wassers, und es spiegelt sich in ihnen eine stille Traumwelt. Einsamkeit und Stille sind die Begleiter dieses Blicks in die Tiefe. Paz vergleicht die Einsamkeit und Stille mit zwei kleinen Tieren im Mondlicht und gibt ihnen damit die animalische Präsenz der Traumbilder, die aus der Tiefe kommen. Denn die schauenden Augen werden in der Einsamkeit und Stille und in der Erleuchtung durch den Mond – diesem uralten Symbol für die Geheimnisse des Lebens – eins mit den Augen der Wasser, Außen und Innen gehen ineinander über, und aus dunkler Tiefe, aus der nächtlichen Mitte quillt verborgenes Leben, »das geheime Reich des Wassers«.

Der dunkel glänzende Wasserspiegel ist in diesem Gedicht zum Auge geworden, dem Symbol des Anschauens und Erkennens. Die Wahrheit, die der dunkle Spiegel des Wassers offenbart, kann nur erkannt werden, wenn das Anschauen – mit offenen Augen – übergeht in ein Erschauen – mit geschlossenen Augen, das heißt in die Innenschau. Und die Innenschau ist gleich einem Untertauchen in den Wassern des Unbewußten, ein Andringen der verschwiegenen Strömung bis hin zu den Ufern der Seele. Allerdings spricht Paz nicht von der Seele selbst, von der letzten verschwiegenen Wahrheit. Sie bleibt Geheimnis, aber der Dichter weiß den Weg zu ihm. Hierin liegt vielleicht die tiefere Weisheit: der Seele wird ihr Geheimnis nicht genommen, und daher kann sie ihren göttlichen Ursprung bewahren und läßt Platz für das Hoffen auf Vollkommenheit.

Lebendiger Spiegel,
    in dem sich Licht
    in selbstvergessenen Spielen wiegt,

spiegelnder Körper,
    nur lichtbewegt,
    sich selbst verfangen und wartend bereit.

Bei einer Berührung
    umfließt er den anderen Körper,
    erzitternd in Spannung nimmt er ihn auf,

und schwingende Kreise
    tragen ihn fort
    in die eigne Bewegung.

Wiegendes Auf und Ab
    umfangen, getragen,
    vergessen, zu einem geworden.

DIE GEWÄSSER mit ihren undurchsichtigen Tiefen symbolisieren, wie gezeigt, die verborgenen und sehr komplexen seelischen Vorgänge, die wir auch als »das Unbewußte« bezeichnen. Tatsächlich ist das Wasser das Element, in dem jedes Lebewesen die ersten Erfahrungen macht – nämlich bei seiner Entstehung. Freilich sind das Erfahrungen, die verborgen bleiben und nur unklare Empfindungen hinterlassen. Diese Empfindungen aber sind stark genug und doch so weit spezifisch, daß sie sich immer wieder – zu allen Zeiten und in allen Kulturen – auf bestimmte Teile der bewußt erlebten Umwelt projizieren, entweder im Traum oder im künstlerischen Schaffensprozeß. Der Philosoph Gaston Bachelard hat versucht, diesem künstlerischen Schaffensprozeß nachzuspüren, und fand, daß sich insbesondere die Phantasie des Dichters immer wieder an einigen wenigen Bildern entzündet, die so grundlegend sind, daß sie ein weites Spektrum der menschlichen Erfahrungen und Empfindungen auf sich ziehen. Er nennt die Summe dieser Bilder die »imagination matérielle«, die stoffgebundene Phantasie, im Gegensatz zur »imagination formelle«, einer formgebundenen Phantasie, die rein spielerisch Neues erschafft. Zu den grundlegenden Bildern der Ausdruck suchenden Phantasie – die wohl weitgehend den Jungschen Archetypen entsprechen – rechnet er die vier Elemente Feuer, Erde, Luft und Wasser.

Für C. G. Jung ist das Wasser ein grundlegend mütterliches Symbol, d. h. ein Bild, an das sich früheste Emotionen aus dem Erlebnisbereich der symbiotischen Abhängigkeit von der Mutter ankristallisieren: Getragen- und Geschütztwerden, Beschenktwerden im Überfluß und gleichzeitig die Angst, verschlungen zu werden. Denn jedes Lebewesen hat seinen Ursprung in der Mutter, wo es zunächst als Embryo dunkel und geschützt vor den schockartigen Einflüssen der Außenwelt aufwächst, in einer Blase aus Fruchtwasser schwimmend. Dort ist es warm gebettet und mit den Bewegungen der Mutter leicht gewiegt. Es ist nur da, ganz sich selbst überlassen, den Körper und die Glieder in sich eingeschlossen – ein Wesen, das vorerst nur mit sich fühlt. Ein Zustand reinen körperlichen Behagens, der nicht mit den Widerständen des täglichen, alltäglichen Lebens in dieser Welt behaftet ist. Ein Zustand scheinbarer Schwerelosigkeit, in dem das Erlebnis von Ganzheit möglich wird. Das Wiederbeleben dieses ursprünglichen, vorgeburtlichen Erlebnisses durch Schwimmen in einem dunklen Raum in körperwarmer Salzlauge gehört heute zu den gängigen Techniken der Bewußtseinserweiterung in unserer westlichen Welt.

Dieses Schwimmen hat nichts mit einer sportlichen Tätigkeit gemein, mit dem aktiven Zerteilen des Wassers oder dem Messen der eigenen Kräfte an denen des Elements, das eher das aktive Aufbrechen zu neuen Ufern als geistigen Hintergrund hat. Es ist ein passives Schwimmen, das sich der Bewegung des Wassers überläßt, das Teil wird des tragenden Elements und einen zurückversetzt in den Zustand vorbewußten Daseins. Ein Zustand ähnlich dem des Schlafes, zu dem die Dunkelheit der unbewußten Tiefen gehört – so wie mit dem vorgeburtlichen Gewiegtsein die Dunkelheit des Mutterschoßes assoziiert ist.

Diesen Zustand mit Worten lebendig zu machen, versucht *Claude Roy* (geb. 1915) in seinem Gedicht »Der schlafende Fluß«:

Im Schlafen fließend weckt das Wasser Träume
wispert im Schilfrohr-Gräser-Dickicht leicht
und weiß nicht ganz in diesem Schlafgewebe
wo Wellengang der Pflanzenruhe weicht

der Fluß betört vom Duft der Pfefferminze
dreht sich im Bett zwischen der Schleier Falten
die toten Wasser heitern Liedern mischend
bleibt er sich gleich in wechselnden Gestalten

aus Schlaf erwacht er ferne seiner Strömung
und schiebt beiseite das was ihn umschlingt
auflösend die Verschwörung grüner Tönung
die unaufhörlich schlaff in Algen schwingt.

Hier ist ein träge dahinströmendes Wasser gemalt, grün von Algen und dicht überwachsen von Gräsern, stark duftenden Kräutern und Schlinggewächsen. Und dieses träge Wasser vergleicht Claude Roy mit einem Schlafenden, der vor sich hin träumt und in den Tüchern seines Bettes sich hin und her wälzt, bis er schließlich erwacht. Beim Erwachen aber findet er sich »ferne seiner Strömung« wieder, ferne von seinen Lebensimpulsen und vielmehr umschlungen und gefangen von einem Gewebe, wie in einem Kokon. Er muß dieses Gewebe erst beiseite schieben – so wie man die Vorhänge eines Bettes beiseite schiebt –, ehe er der gefährlichen Versuchung dieses fließenden Träumens entgeht und zur lebendigen Strömung zurückfindet, von woher die heitern Lieder klingen.

Claude Roy stellt diesen Zustand unbewußten Dahintreibens durch eine vollständige sprachliche Verflechtung der beiden Ebenen des Wassers und des Schlafenden dar – so vollständig, daß jede auflösende Interpretation falsch klingen muß und das Gedicht sich nur dem assoziativen Verständnis erschließt. Durch das Fließen, das hier dem Zustand des Schlafes beigegeben wird, ist deutlich, daß nicht der bewußtlose Tiefschlaf gemeint ist, aus dem der Schläfer erquickt und voller Tatendrang erwacht. Sondern dies ist der Zustand des Tagtraums, in dem die aktiven Impulse der Außenwelt zurücktreten und der Träumer sich passiv betörenden inneren Bildern überläßt. Sie aber können, wie wuchernde Gewächse, überhand nehmen und den Träumer verschlingen – darin liegt die gefährliche »Verschwörung grüner Tönung«.

Hier spricht der Dichter eine Ambivalenz an, die insbesondere dem mütterlichen Aspekt des Wassers anhaftet. Dem Wunsch, getragen zu werden oder sich einer tragenden Kraft ganz zu überlassen, entspricht häufig genug eine Angst vor der Welt oder eine Unfähigkeit, das Leben aktiv zu bewältigen. Der mütterliche Schutz ist verführerisch, denn er läßt die Welt sanft erscheinen. Doch kann man diese Geborgenheit nur so lange genießen, wie man auf die Entfaltung eigener Lebensimpulse verzichtet. Das jeder Persönlichkeitsentwicklung vorangehende Bedürfnis nach eigener Welteroberung und Lebenserfahrung gerät notwendig mit der schützenden Mütterlichkeit in Konflikt. Und so erscheint sie dann auf einmal nicht mehr sanft und gütig, sondern als ein fesselndes, verschlingendes Ungeheuer. Nur wer dieses Ungeheuer einmal besiegt hat, das heißt, wer sich aus dem vereinnahmenden Schutz der Mutter einmal befreit hat, kann zu ganzer Entfaltung seiner Lebendigkeit gelangen.

Dies ist letztlich die Erkenntnis, die dem akkadischen Schöpfungsmythos »Enuma elish« zugrunde liegt, den wir schon im ersten Teil herangezogen haben. Hier ist das abstrakte Bild des Urozeans mit dem personifizierten Bild der Großen Mutter verschmolzen. Tiâmat, der Salzwasserozean, als der sie – wie viele Große Mütter – gleichzeitig bisexuell und Weib ist, verkörpert zunächst nur die Fruchtbarkeit. Und aus ihrer Verbindung mit Apsû, dem Süßwasserozean, entstehen die jungen Götter, die von nun an zum Leben, d. h. zur Kreativität, drängen und die uranfängliche Ruhe empfindlich stören. Apsû beschwert sich bei Tiâmat über ihren Lärm, der ihn am Schlafen hindert, und beschließt, mit väterlicher Gewalt, dem Treiben ein Ende zu bereiten. Tiâmat aber als sanfte, schützende Mutter mahnt zur Geduld. Und in ihrem Schutz kommen die Jungen ih-

rem Vater zuvor, fesseln und töten ihn und rauben ihm seinen Glanz, so daß Ea von nun an zum Gott der Wasser wird. Jetzt aber entschließt sich Tiâmat, zu handeln, und zeigt ihr anderes Gesicht: sie wird zum Ungeheuer, das ihre eigenen Kinder zu verschlingen droht. Allein auch sie wird von ihrem mächtigen Sohn Marduk besiegt und getötet. Und erst nachdem Marduk sich auf diese Weise ganz von ihr befreit hat, dringt er zu wirklichem Leben durch und wird zum Schöpfer der Welt und des Menschen. Tiâmat aber wird wiedererweckt, nun nicht mehr als Ungeheuer, sondern nur noch als allgütige Spenderin. Sie schenkt den Menschen ihre Fruchtbarkeit, denn aus ihrem Leib schafft Marduk die Erde, und aus ihren Augen quellen Euphrat und Tigris, die beiden Flüsse, denen das Zweistromland Mesopotamien seine Fruchtbarkeit verdankt.

So ist dieser Mythos trotz aller erzählerischen Lust an den Grausamkeiten des Kampfes doch ein Hymnus auf den Sieg des Lebens, das von einem »mündig« gewordenen Gott geschaffen und beherrscht wird.

Die Verwandlung der gütigen Mutter in ein verschlingendes Ungeheuer oder auch eine Hexe ist, wie die Psychologie weiß, natürlich eine Projektion der von ihr abhängigen Menschen. Das Kind z. B., das mit Macht seinen eigenen Impulsen nachgehen will und dabei ständig an die Grenzen des Erlaubten und Gefährlichen stößt, wird typischerweise wiederholt davon träumen, daß es sich in die Arme einer gütig erscheinenden Frau flüchtet, sich dann aber in den Fängen einer bösen Hexe wiederfindet. Träume, Märchen und Mythen haben solche intrapsychischen Vorgänge zu selbständigen, bildhaften Geschichten nach außen projiziert.

C. G. Jung hat gezeigt, daß das allgemeine Motiv des Verschlingens als Kehrseite des mütterlichen Schutzes häufig Teil eines symbolischen Bildes für die Wiedergeburt ist. Wir wollen diesen Gedanken an der Geschichte des Propheten Jona aus dem Alten Testament verdeutlichen, die für uns wohl die bekannteste Erzählung vom Verschlungenwerden ist und ja auch noch zahlreiche literarische Nachahmungen gefunden hat (z. B. in der bekannten italienischen Kindergeschichte »Pinocchio«):

Jona wollte den Auftrag des Herrn, seines Gottes, nicht ausführen und war auf der Flucht vor ihm auf ein Schiff gestiegen. Da ließ der Herr ein großes Unwetter aufkommen, daß die Leute meinten, das Schiff müßte zerbrechen. Aber Jona wußte, daß der Herr ihm zürnte, und er ließ sich von den Leuten ergreifen und ins Meer stürzen, so daß die Wasser stille wurden. Der Herr aber ließ einen großen Fisch kommen, Jona zu verschlingen. Und Jona blieb im Leib des Fisches drei Tage und drei Nächte und betete zu Gott und dankte ihm: »Ich schrie aus dem Bauch der Hölle, und du hörtest meine Stimme. Du warfest mich in die Tiefe mitten im Meer, daß die Fluten mich umgaben, alle deine Wogen und Wellen gingen über mich ... aber du hast mein Leben aus dem Verderben geführt, Herr, mein Gott.« Und der Herr gebot dem Fisch, daß er Jona wieder ans Land spie.

Jona wollte seinem Gott den Gehorsam verweigern. Aber das Wasser, in dessen Weiten er Schutz suchte, um dem Machtbereich Gottes zu entgehen, verwandelte sich in ein verschlingendes Ungeheuer, denn es wurde zum Ausdruck und Werkzeug des göttlichen Zornes. Und Jona erkannte, daß er der Allmacht Gottes nicht entgehen konnte, und daß er Schuld auf sich geladen hatte, indem er sich ihr zu entziehen suchte. In dem Moment aber, als er bereit war, die Strafe Gottes auf sich zu nehmen, und sich in die Fluten werfen ließ, um seinem gottfernen Leben ein Ende zu machen, wurde er gerettet. Das Ungeheuer, der große Fisch, der ihn verschlang, spie ihn auch wieder aus, an ein neues Ufer, zu einem neuen Lebensbeginn im Namen Gottes.

Das anschauliche Bild von der Errettung durch den Fisch enthält lauter Komponenten, die es als ein mütterliches Symbol für die Wiedergeburt ausweisen: das schwimmende Getragen-Werden, die Geborgenheit in der dunklen Höhle des Leibes und das Ausgespuckt-Werden. Diese Geschichte kann durchaus mit der Erzählung von der Sintflut verglichen werden, denn auch hier läßt Gott die Menschen aus Zorn über ihren Ungehorsam von den Fluten der Wasser verschlingen, und auch hier wird ein Mensch mit Gottes Hilfe aus den Fluten gerettet und schwimmend an Land getragen – Jona in dem dunklen Fischleib und Noah in seiner dunklen Arche. In den weit verbreiteten Erzählungen der Sintflut erkannten wir den Ausdruck einer ursprünglichen Hoffnung auf die Möglichkeit einer Lebenserneuerung. Und in dem Bild der vorliegenden Erzählung wird die Lebenserneuerung tatsächlich vollzogen.

Die Umdeutung der göttlichen Macht von einer verschlingenden in eine schützende, die den Neubeginn des Lebens ermöglicht, deutet bereits in dieser Erzählung des Propheten Jona auf eine Umdeutung des gerechten Gottes aus dem Alten Testament in den barmherzigen Gott des Neuen Testaments. Und tatsächlich ist dem Erlöser Christus immer wieder das Symbol des Fisches beigegeben worden.

Die Erneuerung der Lebenskräfte durch Heilung von innerpsychischen, lebenshemmenden Zwängen wird in der Tiefenpsychologie gerade durch ein Zurückkehren zu den eigenen Wurzeln versucht. Nachdem aber jedes (menschliche) Leben und Erleben seinen Ursprung in der Mutter hat, bedeutet die Suche nach den ersten und ursprünglichsten Erfahrungen in einem allgemeinen Sinne die Rückkehr zur Mutter. Das Hinabtauchen ins Wasser, das wir auch als ein Bild für das Hinabtauchen in die Tiefen des eigenen Unbewußten sahen, ist in diesem Sinne eine Auseinandersetzung mit der ambivalenten Macht der Mutter und mit den Ursprüngen des eigenen, unabhängigen Lebens.

In diesem Zusammenhang mag interessant sein, daß eine Reihe deutscher Sagen davon erzählt, daß die Hebamme (Wehmutter) vom Ort in das nahe gelegene Wasser hinuntertauchen mußte, um dort die Frau eines Wassermanns von ihrem Kind zu entbinden – so daß die Kunde vom Grund des Wassers nur durch die Hebamme weitergegeben werden konnte. Häufig drohte ihr dann, vom Wassermann verschlungen zu werden. Nur wenn die Hebamme ihrer selbst sicher war – eine Sicherheit, die sie meist aus den Regeln ihres Berufes erhielt –, konnte sie sich davor schützen. Versteht man das Wasser als ein Bild für die Kräfte des Unbewußten, so wird klar, warum gerade die Hebamme, die in ihrer Arbeit immer mit Geburt und Tod konfrontiert ist, als einzige genauer über die Tiefen dieses Wassers Bescheid weiß und seinen Gefahren auch ausgesetzt ist.

Das Leben wächst in der Mutter, geht aus ihr hervor und wird von ihr genährt, reichlich und überquellend – so ist unser Bild von der Urmutter. Und ebenso hat jedes lebendige Wasser seinen Ursprung in einer Quelle – so daß diese Quelle, die ihr Wasser sprudelnd aus scheinbar grundloser Tiefe hervorbringt und überquellend über die Erde ergießt, um Wachstum und Leben zu erzeugen, ein Sinnbild der mütterlichen Fruchtbarkeit ist.

Viele Kulturen kennen Lebensbäume, die aus einem Wasser hervorwachsen. In der alten isländischen Götterdichtung der Edda ist die Beziehung zu einer ursprünglich mütterlich-weiblichen Symbolik besonders deutlich, denn dort sprudelt unter der Weltesche Yggdrasil der Urdbrunnen, ein Born, dem drei alles wissende, Leben schenkende und Schicksal lenkende Frauen entsteigen. Im indischen Glauben wird unser Kosmos als ein großer Lotos gesehen, der aus den kosmischen Wassern herauswächst und in ihnen schwimmt. Auch hier liegt die Verbindung zu der embryonalen Entwicklung im mütterlichen Fruchtwasser nahe. Und so sind konsequenterweise in der indischen Vorstellung alle Wasser weiblich und die Flüsse weibliche, mütterlich nährende Gottheiten.

Der Fluß Ganges ist die große Urmutter Gangâ, die Fruchtbarkeit über die Reisfelder ausgießt und Quelle von Reichtum und Gesundheit für die Bevölkerung ist. Sie gibt ihre nährende Kraft der Fruchtbarkeit, um Leben und Segen zu spenden; sie reinigt von allem Schmutz und vermag – kraft ihrer großen mütterlichen Güte – die Sünden abzuwaschen; und am Ende nimmt sie alle Wesen wieder auf in ihren großen, mütterlichen Schoß, um sie einer Wiedergeburt im Reich der Götter zuzuführen. In zahlreichen Steinplastiken erscheint die Gangâ als das Urbild von Überfluß, Lebensfreude und Lebenshoffnung, als die personifizierte Gesundheit, Würde und Kraft, ähnlich – wie Heinrich Zimmer sagt – einer bengalischen Braut, die bereit ist, Leben entstehen zu lassen.

Der Glaube, daß die mütterliche Kraft der Fruchtbarkeit in den Quellen wohne, ist bei den Völkern verbreitet, die allgemein an eine göttliche Belebung der Natur glauben. Er hat zu vielen verschiedenartigen Opferzeremonien, Riten und Bräuchen geführt – man denke nur an den auch bei uns noch bekannten Brauch, am Ostersonntag vor Tagesanbruch zu einer Quelle zu wandern, um sich in ihr reinzuwaschen und ihr klares Wasser zu trinken. Reste einer Tauf- oder Weihehandlung zur Feier der Auferstehung Christi vermischen sich hier mit einem viel älteren Fruchtbarkeitsritus zum Frühlings-Eier-Fest.

Im chinesischen Denken, das in fast allen zentralen Lebensbereichen den polaren Begriffen Yin und Yang – weiblich und männlich – unterworfen ist, gehört das Wasser in den Bereich des Weiblichen. Es ist der Bereich, der im Winter seine Macht entfaltet, in der Zeit, wo das natürliche Wachstum ruht und das Leben sich in den dunkleren Bereich des Hauses verlegt. Zu Yin gehört daher auch die Ruhezeit der Innenschau, in der die Kräfte sich sammeln, um nach einiger Zeit mit neuer lebendiger Kraft hervorzubrechen – so wie im Winter die Wasser sich unter der Erde sammeln, um dann im Frühjahr als Lebenssaft in den Pflanzen hochzusteigen und um die Bäche schwellen zu lassen, so daß sie über die Ufer treten und die Erde fruchtbar machen. So entsteht in der Natur neues Leben, und die Yang-Seite nimmt wieder überhand. Die Zeiten der Tag- und Nachtgleiche im Frühling und Herbst sind diejenigen, in denen Yin und Yang sich die Waage halten und sich für kurze Zeit zu vollendeter Harmonie ergänzen. Daher wurden diese Perioden mit mehrtägigen großen Festen und Spielen begangen, die durchaus erotischen Charakter haben konnten. Zu den Bräuchen der Frühlingszeit gehörte es, daß die jungen Leute gemeinsam mit gerafften Kleidern einen Fluß durchwateten und in einem Lied – das Marcel Granet zitiert – gleichzeitig das Schwellen der Wasser und das Liebeswerben besangen: »Hier kommt die Flut mit steigendem Wasser an der Furt. – Jetzt rufen die girrenden Rebhühner.«

ÜBER DIESE SYMBOLIK mütterlicher Fülle und Fruchtbarkeit hinaus hat das Wasser eine eigene erotische Anziehungskraft. Aus dunklen Tiefen brodeln die Quellwasser hervor, so wie das sinnliche Erleben den Körper aus unerkannten Tiefen überflutet. Der Chilene *Pablo Neruda* (geb. 1904) spricht in einem seiner großen Liebesgedichte mit machtvollen Worten von dieser Empfindung:

Es ist wie eine Dünung, wenn er mich trifft, der Blick
ihrer todschwarzen Augen,
wenn ich fühle, daß ihr Körper aus weißer, beweglicher
Kreide
pochend sich ausstreckt neben dem meinen,
es ist wie eine Dünung, wenn sie da ist, so nahe.
Hingelagert am Strand der Meere im Süden, hab ich
gesehen,
wie die Wasser sich zusammenrollen, sich dehnen,
unaufhaltsam,
schicksalhaft,
morgens und abends.
Wasser der nahenden Brandung, alte Fährten bedeckend,
überflutend die alten Spuren, die alten Dinge,
Wasser der Flut, das von den Sternen her
sich öffnet wie eine riesige Rose,
Wasser, das über die Strände vorrückt
wie eine freche Hand unterm Rock,
Wasser, das eindringt in die Uferwände,
Wasser, das zerschellt an den Felsen,
Wasser, unerbittlich wie Rächer
und wie Mörder so schweigsam,
Wasser der finsteren Nächte
unter den Molen wie eine geplatzte Ader,
wie das Herz des Meeres
in machtvoll zitternder, ungeheurer Strahlung.
Es ist etwas, das mich aus mir hinausträgt und mir
entwächst,
unendlich nahe, wenn sie mir nahe ist,
es ist wie eine Flut, sich brechend in ihren Augen
und küssend ihren Mund, ihre Brüste und ihre Hände.

Neruda will Worte finden für etwas, das ohne Sprache geschieht und daher nicht direkt benannt werden kann. Und so redet er vom Wasser, meint aber eigentlich die Leidenschaft, die ihn in der Nähe dieser Frau überwältigt. Er spricht von der kraftvollen Bewegung einer Woge, die nicht aufzuhalten ist; von ihrer alles erfüllenden Gegenwärtigkeit, die alles Vergangene überdeckt; von ihrer Ausdehnung und von ihrer Schönheit, die Himmel und Erde in sich einschließt. Er spricht von der Kühnheit einer Woge, deren Brandung weit bis in die geschützten Gebiete des Ufers vordringt und jede Pore erfüllt; und von ihrer Gewalt, die mit ihrer unerbittlichen Stärke bis an die Gewalttätigkeit eines Verbrechers hinreicht. Und dann spricht er vom nächtlichen Wasser, das sich ihm auftut wie eine ungeheure Wunde, so daß er sein Innerstes erblicken kann, das machtvoll schlagende Herz, den Sitz aller Lebendigkeit. Von all dem spricht Neruda, weil seine Leidenschaft dieses alles umspannt. Das Wasser ist ihm zum Symbol geworden, denn es hat bildhaft seine Emotionen aufgefangen und füllt aber darüber hinaus die alle Worte zersprengende Leidenschaft mit den uralten Bildern von kosmischer Größe, alle Zeiten übergreifender Weite, schöpferischer Lebenskraft und Gut und Böse übergreifender Vielfalt und Seelentiefe, die diesem Element anhaften – ihn so über sich selbst hinaustragend.

Mit dem Symbol des Wassers beschwört Neruda die Leidenschaft der Liebe in einer Absolutheit, daß sie alle Werte umspannt und Gut und Böse gleichermaßen in sich trägt. In der Zuwendung ist sie schön wie eine Rose, in der

Abwendung aber kann sie zerstörerisch wirken und bis zum Herzen verwunden, wie wir es auch von der mütterlichen Liebe sahen, die neben ihrem positiven Aspekt des Nährens auch den negativen des Verschlingens in sich trägt.

Diesem Gedicht, das von der lustvollen Hinwendung der Liebe spricht und in der Macht der Empfindung die zerstörerischen Aspekte hindurchschimmern läßt, wollen wir nun ein Märchen gegenüberstellen, das ganz die zerstörerische Leidenschaft im Bild des Wassers darstellt: das Märchen »Undine« in seiner ursprünglichen Fassung, wie sie in der Sammlung der Brüder Grimm festgehalten ist.

Einem über Nacht verarmten Müller hatte eine Nixe aus seinem Elend zu neuem Wohlstand verholfen. Aber der Müller hatte ihr als Gegengabe das versprechen müssen, was eben in seinem Hause neu geboren war – und es war sein eigener Sohn. Untröstlich darüber, ließ er den Knaben niemals an den Teich gehen, aus Furcht, die Nixe könnte ihn sich holen. Der Knabe wuchs zum Jüngling heran, wurde ein tüchtiger Jäger und fand Dienste bei dem Herrn des Dorfes. Er erwählte sich ein schönes, treues Mädchen, verdiente sich ein kleines Haus und lebte dort mit seiner jungen Frau in glücklicher Liebe.

Doch eines Tages hatte der Jäger die Warnung des Vaters vergessen und wusch sich an dem Teich die Hände; da stieg die Nixe empor, lachend, schlang ihre Arme um ihn und zog ihn zu sich herab, daß die Wellen über ihm zusammenschlugen. Seine junge Frau wehklagte und schalt die Nixe. Da aber alles nicht half, holte sie sich Rat bei einer alten weisen Frau, die hoch auf einem unzugänglichen Berge lebte. Die gab ihr erst einen goldenen Kamm, sich an dem Teich zu kämmen, dann eine goldene Flöte, um an dem Teich ein schönes Lied zu spielen, und schließlich ein goldenes Spinnrad, um an dem Teich eine Spule voll Flachs zu spinnen. Wie ihr die Alte gesagt hatte, legte die junge Frau jedesmal bei Vollmond den Gegenstand ans Wasser, und eine Welle rauschte auf und riß ihn mit sich in den Teich, aber gleichzeitig ließ sie ein Stück von dem Jüngling erblicken. Beim dritten Mal aber brausten die Wellen hoch auf, um das Spinnrad zu verschlingen, so daß der Jüngling ganz emporgetragen wurde und ans Ufer sprang. Gemeinsam ergriffen sie die Flucht vor dem Zorn der Nixe, die den Weiher über seine Ufer treten ließ, so daß eine reißende Flut alles überschwemmte. Mit Hilfe der alten Frau konnten beide sich zwar in einen Frosch und eine Kröte verwandeln, so daß ihnen das Wasser nichts anhaben konnte, aber die Flut riß sie auseinander. Und als sie wieder in Menschengestalt nach langen Jahren zusammentrafen, kannten sie sich nicht mehr. Sie waren beide Schäfer geworden, traurig und voller Sehnsucht nach dem anderen. Gemeinsam hüteten sie ihre Tiere, um nicht mehr einsam zu sein. Aber einmal, bei Vollmond, blies der Schäfer auf seiner Flöte das alte Lied, da erkannten sie sich, umarmten und küßten einander und waren glücklich bis ans Ende.

Wie schon an anderer Stelle erwähnt, spielt im Märchen die Handlung in ihrer zeitlichen Abfolge eine untergeordnete Rolle – es ist nicht als fantastische Abenteuergeschichte zu lesen, wenn es auch dieses Gewand trägt, um gern angehört zu werden. Das Märchen ist vielmehr als ein bedeutungsreiches Netzwerk von stereotypen und symbolhaft verwendeten

Motiven zu sehen, das Weisheitslehren über das Leben der Menschen in Bildern weitergeben will. Seine Aussage erschließt sich intuitiv durch das assoziative Umfeld, in dem die einzelnen Motive stehen; und je weitgreifender ihre Symbolik ist, desto länger lebt dieses Märchen im Bewußtsein eines Menschen, weil es dem Verständnis auf unterschiedlichen Bewußtseinsstufen verschiedene Zugänge offen hält.

Das Märchen heißt »Undine« oder auch »Die Nixe im Teich«, und ähnlich wie in den beiden anderen besprochenen Märchen ist wieder die Nixe nur Auslöser des Geschehens, nicht Mittelpunkt. Im Zentrum stehen dagegen die beiden jungen Eheleute und ihre Beziehung zueinander, die durch das Eingreifen der Nixe in Frage gestellt ist. Doch nimmt auch die Nixe einen breiten Raum ein, schon die einleitende Begegnung mit dem Müller ist Anlaß, sie anschaulich darzustellen: sie ist schön und zart, lange Haare umfließen ihren weißen Leib, und mit sanfter Stimme verspricht sie Glück – ein Bild der Verführung. Allerdings fordert sie eine Gegengabe, so vage umschrieben, daß der Müller die Größe des Tributs nicht erkennt und sich der Verführung ergibt. Die Nixe schenkt Glück und Reichtum dem Haus, fordert aber dafür – und darin offenbart sie ihre böse, zerstörende Seite – alles, was die Lebendigkeit und Seelenfreude der beiden Müllersleute ausmachte, nämlich ihr Kind.

Die Begegnung und der Handel zwischen dem Müller und der Nixe sind so weit ausgesponnen und nehmen einen so großen Teil des Märchens ein, daß man meinen könnte, auch das weitere Geschehen sei innerlich hierauf zu beziehen. Doch erschöpft sich die Erzählung von dem Müller in diesem ersten Teil, wechselt dann über auf die Verstrickungen des Sohnes mit der Nixe und greift den alten Faden nicht mehr auf. Daher bleibt der Sinn verschlossen, wenn man versuchen wollte, in dem Schicksal, das den jungen Jäger ereilt, nur die Einlösung eines Vertrages und damit die Kehrseite von Reichtum und materiellem Glück zu sehen. Das materielle Glück des Müllers spielt im weiteren Verlauf des Märchens keine Rolle, und der Vertrag wird ja nicht wirklich eingelöst, da der Jüngling von seiner jungen Frau aus den Umschlingungen der Nixe wieder erlöst wird. Die naive Lesart sieht, daß die Nixe mit ihrer verschlüsselten Forderung den armen Müller betrogen hat und ihr darum mit Recht der versprochene Anteil wieder abgewonnen wird.

Diese Lesart führt zwar auf die richtige Spur, stellt aber den Handel zwischen dem Müller und der Nixe in den Mittelpunkt und trägt nicht dem Geschehen Rechnung, das den Hauptteil des Märchens ausmacht: nämlich dem langen, verzweiflungsvollen Kampf der jungen Frau, ihren Geliebten zurückzugewinnen.

Die Macht, die den Geliebten gefangenhält, ist so groß, daß die junge Frau nicht aus eigener Kraft gegen sie kämpfen kann. Sie sucht daher den Rat einer alten, weisen Frau und bekommt von ihr magische Mittel an die Hand. Ihr Kampf um den Geliebten wird damit zu einem Kampf zweier entgegengesetzter weiblicher Mächte um den jungen Mann.

Den Weg zu der weisen Alten hatte die junge Frau, so heißt es im Märchen, im Traum gefunden. Der Traum aber gibt Zugang zu den inneren Seelenkräften, und so dürfen wir ohne weiteres in der weisen alten Frau die Verkörperung einer solchen seelischen Kraft uralter Weisheit sehen. Ihr gegenüber steht die Nixe, deren Element, das Wasser, wie wir wissen, auch ein Symbol tiefer, innerer Seelenkräfte ist. In diesem Märchen zeigt sie sich als eine Personifikation der weiblichen Verführung, der körperlichen Lust und der alles verschlingenden Leidenschaft. Der Jüngling war ihrer weiblichen Verführung erlegen, war von der körperlichen Lust verschlungen worden, und die Wogen der Leidenschaft waren über ihm zusammengeschlagen. Die junge Frau versuchte, ihn zurückzugewinnen mit den magischen Mitteln, die ihr die uralte weibliche Klugheit bot: auch sie versuchte zu verführen, indem sie ihr langes Haar kämmte, sie versuchte, ihn zu locken mit dem magischen Klang ihrer Flöte, und sie versuchte, ihn zu binden mit dem Faden, den sie für ihn spann. Doch als es ihr gelang, ihn zu sich zurückzuholen, holte die Flut der Leidenschaft sie beide ein. Als rein animalische Wesen überlebten sie in den Wogen, aber sie verloren einander, die Flut hatte sie auseinandergerissen – jeden an einen anderen Ort des Lebens. Und als sie sich nach langen Jahren wiedertrafen, erkannten sie sich nicht mehr. Aber die Sehnsucht war ihnen geblieben und die Erinnerung an ihre erste Liebe, und die alte lockende Melodie, bei Vollmond gespielt – zur Zeit, in der die lebensspendende Weiblichkeit ihre größte Macht entfaltet – konnte sie wieder zu neuem Leben erwecken.

Von einer leicht in sich schwingenden Wasseroberfläche geht eine eigenartige Verführung aus. Wellenberg und Wellental sind körperhafte Rundungen, die sich unter dem Licht weich und geschmeidig bewegen. Mit wiegendem Rhythmus locken sie, sich ihnen anzuschmiegen, sich zärtlich einhüllen zu lassen, jeden Teil des Körpers dieser sanften Berührung zu übergeben. Betörend verspricht das Wasser die Erfüllung der ältesten Träume: alle Spannungen und alle Last abzustreifen, sich selber zu vergessen und hinüberzugleiten in den schwerelosen Schwebezustand vorbewußten Daseins.

In manchen Kulturen sind daher die Liebesgöttinnen dem Wasser entstiegen – die uns bekannteste unter ihnen ist Aphrodite, die Göttin der Liebe aus dem alten Griechenland:

Es war schon lange Zeit, daß Uranos, der Himmelsgott, allnächtlich zu Gaia, der Erdgöttin, kam, um sich mit ihr zu vereinigen. Die so gezeugten Kinder aber waren ihm verhaßt und sie durften das Tageslicht nicht erblicken. Daher sannen die Söhne auf Rache, und mit einer List entmannte Kronos den Vater. Das abgehauene Glied aber warf er weit hinter sich, über die Erde hinaus, in das wogende Meer: die himmlische Lust sank in das Wogen des Meeres. Leichter Schaum bildete sich an der Stelle, und ihm entstieg ein schönes, schamhaftes Mädchen. – Als Himmel und Erde auf ewig getrennt waren, da ward Aphrodite geboren, die Göttin der Liebe, die Verkörperung der schönen Verführung und der unstillbaren Sehnsucht. Nicht Sinnbild des vollen Lebens, sondern eher Sinnbild einer Sehnsucht nach der Vollkommenheit, die es vor dem Anbeginn der Zeit gab – bevor Kronos in das Geschehen eingriff.

# GESTALTEN DER VERFÜHRUNGSKUNST

ES IST WOHL kein Zufall, daß diese Verkörperung der lächelnden Sinnlichkeit, der leichten, prickelnden Schönheit und der immer wieder zergehenden Lust – wie ein Schaum auf dem Wasser – in Griechenland entstand, dem die Sonne des Südens ein verklärendes Licht und betörende Wärme geschenkt hat, und dessen Wasser auch heute noch Reichtum und Wunder bergen. Doch das Wasser birgt auch Schrecken, so wie die Verführung der Sinne zum Verhängnis werden kann. So hat Aphrodite auch unheilvolle Beinamen – wie »die Schwarze«, »die Dunkle«, »die Männer Mordende« oder gar die Göttin »der Gräber« –, die ihr den Schatten einer Todesgöttin geben.

Die griechische Sagenwelt ist reich an verführerischen Wassergestalten, die jedoch niemals die überragende Macht und die Bedeutungstiefe der Liebesgöttin Aphrodite gewonnen haben. In erster Linie sind hier die Nereiden, die fünfzig Töchter des Nereus zu nennen. Sie sind in der Göttergenealogie erst in zweiter Generation entstanden, d. h. nur ihr Vater Nereus und ihre Mutter Doris sind direkte Kinder des Urgötterpaares Okeanos und Thetys. Doris ist schon von ihrem Namen her als ein Geschenk des Meeres gekennzeichnet, und Nereus ist bekannt als »der Alte vom Meer«, der über das Wasser herrschte schon lange vor Poseidon. Er ist in den ältesten Bildern als ein Mann mit Fischleib dargestellt und in der Dichtung wird immer wieder von der Wandelbarkeit seiner Gestalt erzählt – wandelbar wie das Wasser selbst. Aber er vertritt auch die Lauterkeit des Wassers, denn er lügt nie, sondern ist wahrhaftig und gütig.

Dieser Nereus zeugte fünfzig Töchter, die Nereiden, schöne Göttinnen von reizender Gestalt und knospenhaftem Gesicht. Die Kunst hat sie dargestellt, wie sie auf ihren Wundertieren lachend durch die Wogen rauschen. Und es geht die Sage, daß sie den Menschen die Mysterien des Dionysos beigebracht hätten, die rauschhaften Feste, bei denen die Weiber in ekstatischem Rasen durch die Lande zogen und Orgien feierten. Die Nereiden, spritzende Gischt auf den Wogen des Meeres, verkörpern den Rausch der Lust, der im Augenblick sich selber genießt und vom Wissen der Vergänglichkeit nicht überschattet ist. Aber sie tragen nicht das Versprechen in sich, das in der Gestalt der Aphrodite liegt, dieser verkörperten Erinnerung an die uranfängliche göttliche Vereinigung, in der sich darum verführerische Schönheit mit unstillbarem Verlangen paart.

Zu den Nereiden gesellten sich die Tritonen, gewaltige, schreckliche Gottheiten, wilde männliche Wesen mit Fischleib und einem Muschelhorn, Frauen verführend und Schrecken verbreitend. In rauschenden Festzügen brausten sie gemeinsam durch die Wogen, um die Mysterien des Dionysos zu feiern oder die Vermählung des Meeresgottes Poseidon mit einer Nereide oder auch die Geburt der Aphrodite. Sie gehören zusammen als Gestalten der Meeresdünung, die – wie wir bei Neruda sahen – Bild für die leidenschaftliche Lust in ihrer höchsten Erregung und inneren Ambivalenz ist.

Von diesen ungestümen und ewig lebenden Meeresgöttinnen verschieden, lebten im Volksglauben noch zahlreiche andere Wassergeister:

die Naiaden – Seen- und Quellennymphen, zarte, verführerische Gestalten, die die Sterblichkeit der Menschen besaßen, so wie ja auch die Seen und Quellen versiegen können. Nymphen waren weibliche Wesen, die die Männer glücklich machen konnten, wenn sie ihnen das Ziel ihrer männlichen Sehnsüchte im Brautbett erfüllten. Aber sie konnten den Menschen auch gefährlich werden, sie zu sich hinabziehen oder ihnen den Sinn verwirren – der Mondschein half ihnen dabei. Die Griechen nannten leicht geistesgestörte Menschen »mondsüchtig« oder auch »von den Nymphen ergriffen«, und wir erkennen in dieser bildlichen Bezeichnung leicht denjenigen, der den Verführungen seiner eigenen Seelentiefe und Sehnsüchte erlegen ist und nicht mehr den Weg zurück in die Außenwelt findet. Nymphen waren häufig genug auch diejenigen, die als Ammen Götter und Helden in Stellvertretung ihrer Mütter großzogen – Verkörperungen also der überquellenden, nährenden Fruchtbarkeit der Mutter Natur.

Wassergeister, die alle diese weiblichen Aspekte in sich vereinen, finden sich überall im indogermanischen Kulturbereich. Fast immer leben sie in den Tiefen der Wasser und sind von wandelbarer Gestalt. In unseren Breiten ist ihre Urform eine liebliche, weibliche Gestalt mit langem Haar und Fisch- oder Schlangenleib. Und so sind sie auch in Indien zu finden, wo sie als Nâgas, Schlangenprinzessinnen, leben. Tatsächlich vermutet man einen kulturellen Einfluß, durch den diese »Wasserjungfrauen« über Mesopotamien nach Indien gelangt waren und sich mit den zahlreichen dort lebenden Nâgas vereinigen konnten.

Die Schlange ist – wie das Wasser – eines der ältesten und universalen Symbole. Mit ihrer Fähigkeit, sich durch Häutung zu regenerieren, wird sie, genau wie der sich immer wieder erneuernde Mond, ein Bild für die Vorstellungen von Wiedergeburt und Schöpfungserneuerung. Aber sie ist auch ein Symbol der weiblichen Verführung – so erscheint sie in der Geschichte des Sündenfalls im Alten Testament –, Verkörperung der animalischen Lebenskraft und damit Widersacher des geistigen Prinzips, von dem sie bekämpft wird. In der indischen Glaubenswelt ist die Schlange ein sehr weitgreifendes Symbol: Die vielköpfige kosmische Schlange Ananta ist Sitz Vishnus und, ebenso wie das Wasser, in dem Vishnu schwimmt, nur eine andere Ausprägung der uranfänglichen Lebensenergie. Zusammen bilden Wasser, Schlange und Vishnu eine dreigestaltige Einheit.

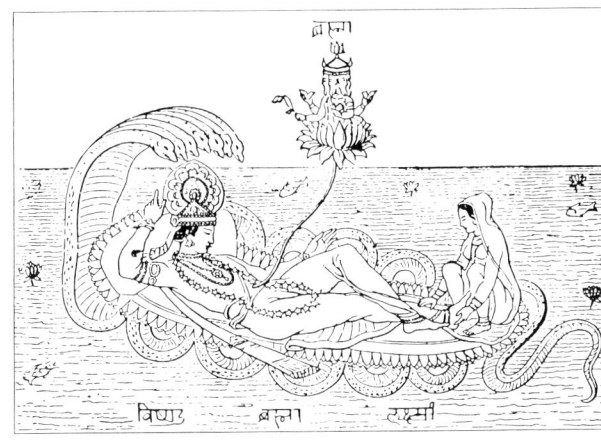

Im indischen Volksglauben sind die irdischen Gewässer, Seen, Teiche, Flüsse und Ozeane, von unzähligen Schlangenkönigen und -königinnen, Schlangenprinzen und -prinzessinnen bewohnt. Sie leben in unterseeischen Palästen mit paradiesischen Gärten und hüten die Lebensenergie, die in den Wassern verbor-

96

gen liegt, oder bewachen die Schätze des Meeres, die kostbaren Muscheln, Korallen und Perlen.

Die indischen Frauen erbaten sich früher von ihnen Fruchtbarkeit, indem sie Votivschreine bei einem Wasser aufstellten, Steintafeln, Nâgalkals genannt, die mit verschlungenen Schlangengestalten verziert waren, viele von ihnen ganz unseren Seejungfrauen gleich. Damit diese Steine ganz mit der Lebenskraft des Wassers durchtränkt wurden, legte man sie zuerst sechs Monate lang in den Teich hinein. – Manche Schlangenköniginnen waren berühmt für ihre Schönheit und ihren Charme, und man stellte sich vor, daß sie ein kostbares Juwel in ihrem Kopfe trugen. Und in manchen der südindischen Dynastien galt es als vornehm, sich mit einer Schlangenprinzessin im Stammbaum zu schmücken.

So wie diese schlangenhaften Wassergeister Ausprägungen eines bilderfreudigen Volksglaubens waren, gehören auch bei uns in der alten Volkstradition Wasser- und Seejungfrauen zum Lokalkolorit vieler Teiche, Seen und Flüsse. Man nennt sie bei uns Nixen – ein Wort, das auf den uralten indogermanischen Stamm neigu zurückgeführt wird und ursprünglich ein im Wasser badendes oder in Wellen plätscherndes Wesen meint.

Nixen spielen gern in Wasserwellen und lassen dabei lockende Gesänge ertönen, oder sie sonnen sich wohlig im Wasser, während ihre langen Haare wellengleich den weißen Leib umspülen. Manchmal auch sitzen sie am Ufer und kämmen verführerisch die langen, goldnen Haare. Sie sind liebliche, reizende Wesen, halb Weib, halb Fisch, und flüchtig wie das Wasser selbst: will man sie ergreifen, entgleiten sie einem lachend und lösen sich auf. Die Phantasie hat ihnen in den Tiefen schwanke Paläste gebaut aus den Muscheln, Perlen und Korallen, die das Wasser birgt.

Nixen sind auch verwandlungsfähig und nehmen menschliche Gestalt an, um an dem weltlichen Treiben teilzuhaben. Dann erkennt man sie an ihrer blassen, zarten Schönheit und Leichtfüßigkeit, an einer gewissen stillen Zurückgezogenheit, an kalten Händen, deren Berührung einem durch Mark und Bein geht, und an den feuchten Rändern ihrer Kleider. Sie sind freundlich, lächeln still und tanzen gern und haben in ihrem Wesen etwas Verführerisches, dem die jungen Männer sich nur schwer entziehen können. Diejenigen aber, die es in ihren Bannkreis gezogen hat, die einmal mit ihnen getanzt oder gar von ihrem Kuß gekostet haben, werden von der rätselhaften Tiefe ihres Blickes gezogen, von ihren schlanken Armen umschlungen und versinken in den Wogen des Wassers, aus denen sie niemals wieder zurückkehren. Zahlreiche Sagen besingen solche Nixen und die in Sehnsucht nach ihrer Liebe verlorenen Jünglinge.

*Octavio Paz* findet abstraktere Worte, die nicht das volkstümliche Märchenbild der Nixe benutzen und doch dieses Bild gleichsam neu kreieren, indem sie einer Frau die verführerische Beweglichkeit und Flüchtigkeit des Wassers und seine durchsichtige Klarheit andichten. So entsteht in seinen Worten die Sehnsucht, in der mädchenhaften Klarheit das Flüchtige zu erkennen und zu ergreifen in einer Geste, die alles Vergängliche in sich aufnimmt – leidenschaftlich gesteigert bis hin zu dem blitzartigen Augenblick, der ihn selbst und das Mädchen ergreift und in einem verschlingt:

Eine Frau mit den Regungen eines Flusses
Mit durchsichtigen Wassergebärden
Ein Mädchen aus Wasser
Darin zu lesen was vorübergeht und nicht wiederkommt,
Ein wenig Wasser wo die Augen trinken
Wo die Lippen trinken mögen in einem Zuge
Den Baum die Wolke den Blitz
Mich selbst und das Mädchen

Jede Liebe trägt die Sehnsucht in sich, das Getrenntsein zu überwinden, die Gegensätzlichkeit aufzuheben, und die Zweiheit in eine Einheit zu verschmelzen, um den lustvollen Augenblick der Harmonie zu erreichen. In der Empfindung von Octavio Paz vergleicht er sich mit einem Verschlingen und Verschlungenwerden kosmischen Ausmaßes – oder auch mit der Gewalt des Blitzes, der in einem kurzen, erleuchteten Augenblick alles in Eines schmilzt.

DIE BILDER, die diese ersehnte Harmonie beschreiben, gleichen in auffallender Weise denen von Untergang und Tod – wenn sie auch verschiedene Wertigkeiten haben und die einen als lichtvoll beschrieben werden, die anderen aber als dunkel. Gemeinsam ist ihnen das Aufgeben der eingeschränkten Individualität, das sich in der Liebe als ein Aufgehen im anderen – und, als höchste Steigerung, im Kosmos – darstellt, im Tod aber als Verlust der Lebendigkeit und mit ihr der Freuden des Lebens – deren vollkommenste Form die Liebe ist. So enthält die Liebessehnsucht in ihrer intensivsten – vielleicht auch nur in ihrer idealisierten – Form immer auch eine Todesahnung, eine Ahnung davon, daß die Erfüllung der Sehnsucht gleichbedeutend mit dem Tod ist. Das ist der Hintergrund zu den weltberühmt gewordenen unglücklichen Liebespaaren, wie Tristan und Isolde, Romeo und Julia, Leila und Madschnun (Persien) oder Pao Yü und Blaujuwel (China), die vom Schicksal füreinander bestimmt waren, aber durch die widrigen Umstände des Lebens getrennt blieben und erst im Tod die Erfüllung ihrer Bestimmung in der zeitlosen Vereinigung fanden; deren unstillbar sehnsüchtige Liebe daher immer mit Einsamkeit, Schwermut und Todesnähe gepaart war.

*Georg Heym*, dem in seiner Lyrik eine expressionistische Verdichtung aller Ausdrucksmittel gelungen ist, hat den freiwilligen Tod der Liebenden in den Weiten des Meeres als Thema gewählt, um ein Bild äußerster Schwermut zu schaffen:

Durch hohe Tore wird das Meer gezogen
Und goldne Wolkensäulen, wo noch säumt
Der späte Tag am hellen Himmelsbogen
Und fern hinab des Meeres Weite träumt.

»Vergiß der Traurigkeit, die sich verlor
Ins ferne Spiel der Wasser, und der Zeit
Versunkner Tage. Singt der Wind ins Ohr
Dir seine Schwermut, höre nicht sein Leid.

Laß ab vom Weinen. Bei den Toten unten
Im Schattenlande werden bald wir wohnen
Und ewig schlafen in den Tiefen drunten,
In den verborgenen Städten der Dämonen.

Dort wird uns Einsamkeit die Lider schließen.
Wir hören nichts in unserer Hallen Räumen,
Die Fische nur, die durch die Fenster schießen,
Und leisen Wind in den Korallenbäumen.

Wir werden immer beieinander bleiben
Im schattenhaften Walde auf dem Grunde.
Die gleiche Woge wird uns dunkel treiben,
Und gleiche Träume trinkt der Kuß vom Munde.

Der Tod ist sanft. Und die uns niemand gab,
Er gibt uns Heimat. Und er trägt uns weich
In seinem Mantel in das dunkle Grab,
Wo viele schlafen schon im stillen Reich.«

Des Meeres Seele singt am leeren Kahn.
Er treibt davon, ein Spiel den tauben Winden
In Meeres Einsamkeit. Der Ozean
Türmt fern sich auf zu schwarzer Nacht, der blinden.

In hohen Wogen schweift ein Kormoran
Mit grünen Fittichs dunkler Träumerei.
Darunter ziehn die Toten ihre Bahn.
Wie blasse Blumen treiben sie vorbei.

Sie sinken tief. Das Meer schließt seinen Mund
Und schillert weiß. Der Horizont nur bebt
Wie eines Adlers Flug, der von dem Sund
Ins Abendmeer die blaue Schwinge hebt.

Keine Geschichte der Liebe geht voraus, die den Tod als eine Erfüllung verklären könnte. Doch ist die mittlere Strophe des Gedichts eine Verheißung ewiger Vereinigung; und die erste und die letzte Strophe malen mit wenigen Worten die grandiose Vision eines Meeres im Sonnenuntergang – so einen helleren Rahmen für das sonst so düstere Bild bauend. Das Mittelstück hört sich wie das Geflüster zweier Liebender an, die in dem Tode das Ende aller Traurigkeit und Trost suchen – ein sanftes Geflüster, das sich mit Wind und Wellen mischt, und von dem der Dichter sagt, es singe die Seele des Meeres. Das Lied klingt beschwörend, verführerisch wie das Lied der Nixen; aber an dem Meeresgrund, von dem das Lied singt, liegen nicht königliche Schätze, sondern Städte von Dämonen, und die märchenhaften Paläste sind hohe, leere Hallen, gleich versunkenen Wracks, durch deren Fensterhöhlen Fische schießen. Das Lied lockt nicht mit der Erfüllung heißer Wünsche oder einem Rausch von Lust, sondern mit Einsamkeit und stiller Kühle. Georg Heym beschwört ein trostloses Bild vom Schattenreich der Toten – fast in jeder Zeile gebraucht er Worte der zeitlichen und örtlichen Entgrenzung, zusammen mit Ausdrücken von Dunkelheit, Einsamkeit und Schwermut. Doch die Verführung liegt in der Sanftheit des Todes – einem Tod in Träumen, der beide Liebenden umhüllt und weich davonträgt in dem Wiegen der Wellen. Georg Heym selbst fand seinen zu frühen Tod im Wasser.

Er ist einer von vielen Dichtern, die in ihrer Sehnsucht nach Befreiung von der Enge und den Fesseln des Erdenlebens das Wasser besungen und dann in seinen Tiefen Erlösung gesucht haben. Im alten China gab es immer wieder Zeiten, wo viele Menschen gemeinsam ins Wasser gegangen sind – und das Volk hat ihnen ein Andenken bewahrt, indem es sie als Wassergeister in den Paradiesen auf den Inseln der Seligen glaubte. Seit das Meer allerdings in seinen Tiefen zugänglich und in seiner Ausdehnung überschaubar geworden ist, bietet es keinen Raum mehr für Paradiesesvorstellungen. So hat für uns dieser Tod nichts Tröstliches mehr an sich, sondern wir sehen mit Georg Heym in ihm nur das Wirken eines gefühl- und zeitlosen Ungeheuers, das uns zurückläßt mit dem Trugbild der unendlichen Räume des Nichts:

Sie sinken tief. Das Meer schließt seinen Mund
Und schillert weiß. Der Horizont nur bebt
Wie eines Adlers Flug, der vor dem Sund
Ins Abendmeer die blaue Schwinge hebt.

Bleibt noch die Hoffnung auf einen sanften Tod, der nur hinüberträgt in den Zustand ewigen gewiegten Schlafes, aus dem ein Wiederkehren vielleicht möglich wäre – so wie er im Bild des bewegten Wassers eine verheißende Entsprechung findet. Daher wohl lebte in den altnordischen Sagen der Glaube an die Göttin Ran, die am Grunde des Meeres wohnte und die ertrunkenen Seeleute freundlich zum Festmahl lud. Daher vielleicht überhaupt die vielen Vorstellungen von einer Überfahrt ins Jenseits auf dem Wasser. In Indien lebt heute noch der Ritus fort, die Leichen oder ihre Asche dem heiligen Fluß Ganges zu übergeben, damit er sie forttrage zu den kosmischen Wassern und einer Wiedergeburt in einem besseren Dasein zuführe. Und in der Unterwelt der alten Griechen entspringt gleich neben dem gefährlichen Todesfluß Styx der Fluß des Vergessens Lethe. Sein Wasser löst auf, nimmt dem Bewußtsein der Sterbenden die schmerzhafte Klarheit und enge Genauigkeit der Wirklichkeit und schwemmt alle Sorgen und Leiden fort. Beide Flüsse sind Göttinnen; sie stehen beide am Übergang ins Schattenreich und verkörpern unsere ambivalenten Gefühle dem Tod gegenüber: Styx, die Verhaßte, und Lethe, die Hoffnung auf Vergessen.

Die auflösende Wirkung aber übt das Wasser auch schon auf die Lebenden aus. Dem, der ins Wasser schaut und sich dem Sog des Fließens überläßt, zerrinnt die Zeit, der Blick löst sich von der gegenwärtigen Umgebung und gleitet in die Ferne, die Gedanken zerfließen, und es entsteht ein Sog, der auch im Betrachter alles zerfließen läßt – so daß in seinem Innern Raum entsteht für die vagen Empfindungen von Trauer und Melancholie. Die Vorstellung von der Vergänglichkeit alles Seienden, vom Zerfließen des Glücks nimmt überhand. Dem Zerfließen der Bilder entspricht die Auflösung in Tränen.

Und so sind Wasserlandschaften immer wieder in Malerei und Dichtung zum Ausdruck größter Melancholie geworden: um die zerfließende Traurigkeit dieser Landschaften vollständig zu machen, muß das diffuse Licht der Dämmerung die Kontraste der Farben aufheben und in einem einzigen Schein schwach gestufter Helligkeiten einschmelzen. Ein Nebel, der die Konturen verwischt und die Gegenstände entfremdet, gehört dazu, ebenso die Bewegung des Windes und der Weiden mit ihren fließenden Ästen.

Weiden und Wasser sind in der Ikonographie der Trauer überall auf der Welt stereotyp

miteinander verbunden. In China z. B. gab es den Brauch, dem Scheidenden zum Abschied Weidenruten mit auf den Weg zu geben, um so das Band der Zuneigung zu versinnbildlichen, durch das beide über die Trennung hinweg sich verbunden fühlten. Der Weidenbaum wurde daher zu einem Symbol des Abschieds. Und auch ohne Ballung zahlreicher Trauerbilder vermag der chinesische Dichter *Wang Wei* mit wenigen andeutenden Strichen in dem Bild sich spiegelnder Weidenbäume den tiefsten Schmerz auszudrücken:

Weiden-Wellen

Prächtige Bäume, zu beiden Seiten aufgereiht,
Ihr umgekehrtes Bild dort in den Glitzerwellen.
Ähneln sie nicht den Weiden am Palastgraben,
Die im Frühlingswind den Abschiedsschmerz vertiefen?

Wang Wei, der vermutlich von 700 bis 761 gelebt hat, gilt als einer der begabtesten Künstler Chinas. Berühmtheit erlangte er schon in jungen Jahren wegen seiner musikalischen Fähigkeiten, und im Laufe seines Lebens stieg er zu höchsten Staatsämtern auf. Doch bis in die heutige Zeit hinein wirken seine Malereien und Gedichte, die seine tiefen spirituellen Erfahrungen als Zen-Buddhist erkennen lassen.

Der Dichter läßt sich als Person ganz aus diesem Gedicht heraus, stellt nur die Bäume hin – rechts und links an ein Wasser – und läßt sie selber wirken. Die Bäume, die hier in der Übersetzung »prächtig« genannt werden, sind Bilder des mächtig entfalteten Lebens. Aber im Wasser, mit ihrem Spiegelbild, enthüllen sie eine andere Seite, eine »Kehrseite« – da sehen sie aus wie Weiden, die das Bild des Abschieds und der Trennung sind. Und der Dichter läßt aus ihnen den tiefsten Schmerz entstehen, indem er an ihr Bild im Frühlingswind erinnert, der mit sich die ganze Hoffnung auf Neubeginn, Aufblühen und Liebe trägt. Denn der Schmerz wird dort am größten, wo der Abschied die Hoffnung auflöst, wo die Trennung die Liebe trifft.

Wang Wei hat mit dem Gedicht den Ausdruck tiefsten Schmerzes geschaffen – für den chinesischen Leser sicher leichter und unmittelbarer zu erfassen, da für ihn auch noch Sprachmelodie und -rhythmus und die Form des Gedichts seinen Ausdruck verstärken. Er hat aber in dem Gedicht noch etwas anderes anklingen lassen: mit dem Bild des Baumes – des Lebenssymbols – und seines Spiegelbildes – des Abschiedssymbols – hat er zu erkennen gegeben, daß jedem Leben sein Ende, der Abschied innewohnt. Und so erscheint hier der Schmerz vor dem Hintergrund der Vergänglichkeit alles Seienden.

Das Wasser, das wegen der Wandlungsfähigkeit seiner Wellenbewegungen in den großen kosmogonischen Mythen das Bild für den Urzustand ist, aus dem die Schöpfung mit ihrem Leben entsteht, ist gerade wegen dieser Wandlungsfähigkeit in der Dichtung vielfach zum Bild der Vergänglichkeit geworden, vor dem die Erscheinungen dieser Welt zum Wahn werden – am schmerzhaftesten dort zu spüren, wo auch die Liebe, diese Hoffnung auf Überwindung des Unvollkommenen, sich nicht als stark genug erweist, dem zeitlichen Wandel standzuhalten.

DIE SYMBOLISCHEN BEDEUTUNGEN des Wassers sind uns verlorengegangen, weil wir uns heute den alten Mythen nicht mehr verbunden fühlen. An die Stelle der poetischen Weltschöpfungserzählungen sind die rationalen Erklärungen der Naturwissenschaften getreten. Sie greifen letztlich zurück auf die Fragestellung der griechischen Philosophen, die das unwandelbare Wesen alles Seienden zu erkennen suchten; denn diese fragten nicht mehr, woher die Welt kommt, sondern wie sie im Innersten beschaffen ist. Die erste philosophische Theorie, die Antwort auf diese Frage zu geben versucht, steht noch den mythischen Bildern nahe. Sie stammt von Thales von Milet und besagt, daß alle Stoffe einmal aus Wasser entstanden seien, daß ihre innerste Substanz letztlich Wasser sei. In dieser Form ist Wasser sicher nicht ausschließlich als chemische Substanz gemeint, sondern als ein fließender Urstoff, der, wandelbar, die verschiedenen Seinsformen unserer Welt annehmen kann.

Aristoteles fand eine weitgehende Übereinstimmung dieser Theorie mit der allgemeinen Erfahrung, daß Wasser sich in Eis verwandeln kann oder aber in Dampf. Das feste Eis und der gasförmige Dampf sind auch für unser heutiges Verständnis gleichermaßen Wasser, nur in verschiedenen Aggregatzuständen. Jedoch bemühte sich Aristoteles um eine noch näher an der Erfahrung orientierte Theorie. Ihm genügte der Urstoff Wasser allein nicht, sondern er stellte ihn neben drei andere Urstoffe, Feuer, Erde und Luft, die er Elemente nannte, und die er sich ineinander umwandelbar dachte. Ein fünftes Element, die »Quintessenz«, sollte der Äther sein, der den ganzen Raum zwischen dem Mond und den Sternen ausfülle.

Unsere heutige Naturwissenschaft hat diese Theorie der vier Elemente längst widerlegt, und auch die Idee des den Raum füllenden Äthers, die bis in unser Jahrhundert die Physik begleitet hat, ist durch Einsteins Relativitätstheorie überwunden worden. Wasser ist nach heutiger naturwissenschaftlicher Definition gar kein Element, denn es ist nicht chemisch unteilbar, vielmehr ist es eine Verbindung aus den Elementen Wasserstoff und Sauerstoff. Von diesen chemischen Elementen gibt es nicht nur vier, sondern fast hundert. Und auch diese sind nicht die grundlegenden Bausteine unserer Welt, da sie ihrerseits aus einem Atomkern und einer Elektronenhülle bestehen, der Atomkern aber wiederum in Elementarteilchen zerfällt.

Auf der Suche nach der innersten Beschaffenheit von allem, was ist, d. h. von aller Materie, ist die Physik zu den Elementarteilchen vorgedrungen und hat von dort aus eine neue Kosmogonie gewagt: die Theorie vom Urknall. Vielleicht mag man Rückschlüsse auf den Geist unserer Zeit daraus ziehen, daß diese Theorie nicht mehr von einem fließenden Werden ausgeht, sondern von einem großen Energiezentrum, das explosionsartig die einzelnen Teile des Kosmos aus sich herausgeschleudert hat. So sind auch unsere Untergangsvisionen nicht mehr die einer Sintflut, sondern – durch die Entwicklung der atomaren Technik greifbar genug – die eines großen Weltenbrandes.

Aber die Theorie von der Entstehung des Lebens hält weiter an dem Urstoff Wasser fest. Tatsächlich hat man in einer Lösung von Methan und Ammoniak in Wasser unter Hochspannung – Versuchsbedingungen, die die Vorgänge in den Anfängen der Weltentstehung simulieren sollten – einige der wichtigsten Aminosäuren spontan erzeugen können. Und da Aminosäuren die Bestandteile von Eiweißen sind und damit potentielle Träger organischen Lebens, hat die Idee von einer Urzeugung belebter Materie im Wasser sich festigen können. Freilich bleibt damit der Weg zum Aufbau eines komplexen Organismus immer noch ungeklärt, ebenso wie die Frage nach der Entstehung des menschlichen Bewußtseins, dem die schöpferische Phantasie entspringt und das wir auch »lebendig« nennen.

Die heutigen Naturwissenschaften haben von der sinnlich erfaßbaren Seite der Natur weit weggeführt zu einem abstrakten System von Gesetzmäßigkeiten. Um das unwandelbare Wesen aller Dinge zu ergründen, mußten sie notwendig von der Einzigartigkeit einer materiellen Erscheinungsform absehen und statt dessen die Eigenheiten herausarbeiten, die allen solchen Erscheinungen gemeinsam sind. Dieses Gemeinsame erschließt sich nur, wenn man von der Komplexität und den Zufälligkeiten der natürlichen Bedingungen absieht.

So wird man daher beim Wasser nur von seiner molekularen Verbindung aus Wasserstoff und Sauerstoff sprechen, aber nicht von seiner Frische, die von der Temperatur abhängt, von seinem kräftigen Geschmack, der von der mineralischen Zusammensetzung abhängt, oder von seinen Farbschattierungen, die von seiner Tiefe, seiner Bewegtheit, dem Lichteinfall und der Färbung der Umgebung abhängen.

Jede Einzelerscheinung ist aus ihrem lebendigen Zusammenhang herausgelöst. Damit machen die naturwissenschaftlichen Erkenntnisse uns zwar die Bestandteile der Natur verfügbar, aber sie verweigern jede Aussage über die Natur als Lebens- und Erlebnisraum. Wollen wir aus der Natur wirklich Erkenntnisse für uns gewinnen – Erkenntnisse, die sich nicht nur auf unsere Stofflichkeit beziehen, sondern auf unsere Stellung in dem großen Kreislauf der Natur –, so dürfen wir sie nicht experimentierend unseren eigenen Denkmöglichkeiten unterwerfen, sondern müssen meditierend uns ihr anvertrauen und unsere Sinne an ihr schulen.

Dort nämlich, wo die Natur wie ein Kunstwerk Ausdruck einer im Geheimen wirkenden schöpferischen Kraft wird, in deren Wirken auch der Mensch eingebunden ist, hilft uns die Naturwissenschaft nicht, das Bild besser zu verstehen. Sie kann wohl Aussagen über die technischen Daten machen, nach denen das Bild entstanden ist, verliert damit aber gleichzeitig den Reichtum und Sinn eines Ausdrucks aus dem Auge. Oder in einem mythologischen Gleichnis gesagt: Die Naturwissenschaft vermag vielleicht, vom Götterbild zu Sais, von dem die Sage berichtet, ungestraft den Schleier der Wahrheit zu heben – doch hat sie gleichzeitig damit die Wahrnehmung des göttlichen Gesichts dahinter eingebüßt.

# LITERATUR

1. Textsammlungen:

Bhagavadgita/Aschtavakagita. Indiens heilige Gesänge. Übertragen und kommentiert von Leopold von Schroeder, Köln 1978

Die Bibel oder die ganze Heilige Schrift. Nach Dr. Martin Luther

Die Gute Nachricht. Das Neue Testament in heutigem Deutsch. Deutsche Bibelgesellschaft Stuttgart

Dschuang Dsi. Das wahre Buch vom südlichen Blütenland. Aus dem Chinesischen übertragen und erläutert von Richard Wilhelm, Köln 1972

Die Edda. Götterdichtung. Spruchweisheit und Heldengesänge. Vollständige Ausgabe in der Übersetzung von Felix Genzmer, Köln 1981

Gilgamesch. Das Gilgamesch-Epos. Nacherzählt von Voytech Zamarovský. Hanau/M. 1979

Brüder Grimm, Kinder- und Hausmärchen. Ausgabe letzter Hand mit den Originalanmerkungen der Brüder Grimm; und: Deutsche Sagen, Frankfurt a. M. 1981

I Ging. Das Buch der Wandlungen. Aus dem Chinesischen verdeutscht und erläutert von Richard Wilhelm, Jena 1924

K'ayum Ma'ax/Rätsch, Christian: Ein Kosmos im Regenwald. Mythen und Visionen der Lakandonen Indianer, Köln 1984

Kerényi, Karl: Die Mythologie der Griechen, München 1984

Der Koran. Aus dem Arabischen von Max Henning. Einleitung und Anmerkungen von Annemarie Schimmel, Stuttgart 1960

Mahâbhârata, Indiens großes Epos. Aus dem Sanskrit übersetzt und zusammengefaßt von Biren Roy, Köln 1961

Popol Vuh. Das Buch des Rates. Aus dem Quiché übertragen und erläutert von Wolfgang Cordan, Köln 1962

Ranke-Graves, Robert von: Griechische Mythologie. Quellen und Deutung. Reinbek (rororo Enzyklopädie 404)

Zimmer, Heinrich: Indische Mythen und Symbole, Köln 1981


2. Nachweis der Gedichte:

Altolaguirre, Manuel: Ich fragte dich nach mir... In: Rose aus Asche. Spanische und spanisch-amerikanische Gedichte 1900–1950. Hrsg. und übertragen von E. W. Palm, Frankfurt a. M.: Suhrkamp 1981

Bachmann, Ingeborg: Strömung. In: Ingeborg Bachmann, Werke, München: Piper 1978

Baeza Flores, Alberto: Alles soweit die Laute reicht... (Auszug aus: Kinderlieder). In: Rose aus Asche. Spanische und spanisch-amerikanische Gedichte 1900–1950. Hrsg. und übertragen von E. W. Palm, Frankfurt a. M.: Suhrkamp 1981

Benn, Gottfried: Trunkene Flut. In: Gottfried Benn, Gedichte in der Fassung der Erstdrucke. Hrsg. von Bruno Hillebrand, Frankfurt a. M.: Suhrkamp 1982

Han Shan: Grüner Wildbach. In: Han Shan, Gedichte vom Kalten Berg. Hrsg. und übertragen von Stephan Schumacher, Düsseldorf/Köln: Diederichs 1974

Heissenbüttel, Helmut: Die Schwärze des Wassers... (aus: Einfache grammatische Meditationen). In: Helmut Heissenbüttel: Textbücher 1–6, Stuttgart: Klett-Cotta 1980

Heym, Georg: Der Tod der Liebenden. In: Georg Heym: Dichtungen und Schriften. Hrsg. von K. L. Schneider und G. Burkhardt, Hamburg/München: Ellermann 1968.

Lacarrière, Jacques: Sure der ersten Welt (Auszug). In: Jacques Lacarrière, Sourates, Paris: Fayard 1982. Übertragen von Barbara Blum-Heisenberg

Neruda, Pablo: Es ist wie eine Dünung... (Auszug). In: Pablo Neruda: Liebesgedichte. Hrsg. und übertragen von Fritz Vogelgsang, Darmstadt: Luchterhand 1977

Paz, Octavio: Nächtliches Wasser; und: Eine Frau mit den Regungen... In: Octavio Paz, Gedichte. Übertragen von Fritz Vogelgsang, Frankfurt a. M.: Suhrkamp 1977

Rilke, Rainer Maria: Waldteich, weicher... (Auszug). In: Rainer Maria Rilke, Die Gedichte, Frankfurt a. M.: Insel 1986

Roy, Claude: Der schlafende Fluß. In: L'eau en poésie, présenté par C. Poirée, Paris: Gallimard 1979. Übertragen von Barbara BlumHeisenberg

Seattle: Wir sind ein Teil der Erde. Rede des Häuptlings Seattle vor dem Präsidenten der Vereinigten Staaten von Amerika im Jahre 1855 (Auszug), Olten: Walter 1982

Tjutschew, Fjodor: Schlägt einst dem All... In: Lyrik des Abendlandes. Gemeinsam mit H. Hennecke, C. Hohoff und K. Vossler ausgewählt von Georg Britting, München: Hanser 1963. Übertragen von Henry von Heiseler

Wang Wei: Weiden-Wellen. In: Wang Wei, Jenseits der Weißen Wolken. Die Gedichte des Weisen vom Südgebirge. Hrsg. und übertragen von Stephan Schumacher, Düsseldorf/Köln: Diederichs 1982

3. Monographien:

Ambroggi, Robert P.: Water. In: Scientific American, September 1980

Ancient China's Technology and Science. China Knowledge Series, Beijing 1983

Bachelard, Gaston: L'eau et les rêves, Paris 1942

Bauer, Wolfgang: China und die Hoffnung auf Glück, München 1974

Bettelheim, Bruno: Kinder brauchen Märchen, Stuttgart 1977

Champeaux, Gérard de: Le monde des symboles, Zodiaque 1980

Christie, Anthony: Chinese Mythology, Paul Hamly 1968

Eliade, Mircea: Histoire des croyances et des idées religieuses, 3 Bde., Payot 1976; und: Von Zalmoxis zu Dschingis-Khan. Religion und Volkskultur in Südosteuropa, Köln-Lövenich 1982

Frank, Manfred: Die unendliche Fahrt, Frankfurt a. M. 1979

Franz, Marie-Louise v.: Erlösungsmotive im Märchen, München 1986

Fromm, Erich: Märchen, Mythen, Träume, Hamburg 1981

Granet, Marcel: Das chinesische Denken, München 1971

Grof, Stanislav und Christina: Jenseits des Todes, München 1984

Jung, Carl Gustav: Symbole der Wandlung, Olten 1973; und: Bewußtes und Unbewußtes, Frankfurt 1957; und: Archetyp und Unbewußtes, Grundwerk Bd. 2, Olten 1984;

und: Erlösungsvorstellungen in der Alchemie, Grundwerk Bd. 6, Olten 1985

Kerényi, Karl: Die Mythologie der Griechen, München 1984

König/Waldenfels: Lexikon der Religionen, Freiburg 1987

Lexikon der östlichen Weisheitslehren. Buddhismus, Hinduismus, Taoismus, Zen. Bern–München 1986

Lurker, Manfred: Wörterbuch der Symbolik, Stuttgart 1985

Maclagan, David: Schöpfungsmythen, München 1985

Mensching, Gustav: Die Weltreligionen, Wiesbaden 1981

Moog, Hanna (Hrsg.): Die Wasserfrau. Von geheimen Sehnsüchten und Ungeheuern mit Namen Hans, Köln 1987

Morenz, Siegfried: Ägyptische Religionen, Stuttgart 1977

Needham, Joseph (Ronan and): The Shorter Science and Civilization in China, Bd. 2, Cambridge 1981 (Wissenschaft und Zivilisation in China. Frankfurt a. M. 1984)

Neuburger, Alfred: Die Technik des Altertums, Leipzig 1919

Ninck, M.: Die Bedeutung des Wassers im Kult und Leben der Alten, 1921 (Darmstadt: Wiss. Buchges., 1960)

Ranke-Graves, Robert von: Griechische Mythologie. Reinbek (rororo Enzyklopädie 404)

Rudhardt, Jean: Le thème de l'eau primordiale dans la mythologie grecque, Bern 1971

Timm, Hermann: Das Weltquadrat. Eine religiöse Kosmologie, Gütersloh 1985

Watts, Alan: Der Lauf des Wassers, Frankfurt 1983

Weizsäcker, Carl Friedrich von: Die Tragweite der Wissenschaft, Schöpfung und Weltentstehung, Stuttgart 1964

Williams, C. A. S.: Outlines of Chinese Symbolism and Art Motives, Hongkong 1974

Zimmer, Heinrich: Indische Mythen und Symbole, Köln 1981

*S. 15:*
Der tägliche Lauf der Sonne: Aus dem Urozean (Nun) steigt die Morgenbarke auf. (Relief auf dem Sarkophag Sethos I. Aus: M. Lurker: Götter und Symbolik der Alten Ägypter. München: Goldmann, 1980, S. 175)

*S. 18:*
Das Sonnenkind, aus der Lotosblüte im Urozean (Wasserbecken) aufsteigend. Toeris, bekannt als Helferin der Frauen bei der Entbindung, fächelt ihm frische Luft zu. (Aus: Lurker, a. a. O., S. 15)

*S. 23:*
Der Drache mit Schwanz und zwei Hörnern – das ist Tiamat, die weibliche Herrin der Meerwasser – bedroht das trockene Land.

*S. 24*
Wassergöttin, mit ihren Händen die Ströme umfassend, die zum Teil aus ihren Flossen, zum Teil aus Vasen fließen. (Aus: Kunst der Welt – Alt-Iran. Baden-Baden: Holle, 1962, S. 56)

*S. 30:*
Die acht Trigramme des I Ging mit dem Yin-Yang-Symbol in der Mitte.

*S. 32:*
Si-Wang-Mu, altchinesische Mondgöttin, auf einem Thron sitzend. Dieser Thron besteht aus drei untereinander verbundenen Kelchen, die Wasser und Unterwelt darstellen. (Steinrelief aus einer Grabkammer. Aus: Carl Hentze: Funde in Alt-China. Göttingen: Musterschmidt, 1967, S. 255)

*S. 33:*
Die Regenkuh, wie die Buschmänner sie dargestellt haben – ohne Hörner, womit die regen- und gewitterreiche Neumondphase angedeutet ist. Über der Kuh ein Regenbogen, unter ihr, kammähnlich, der Regen. (Aus: R. Drößler: Als die Sterne Götter waren. Bergisch-Gladbach: Lübbe, 1976)

*S. 42:*
Der Rosenapfelbaum-Kontinent (Jambudvipa). Im hinduistischen Weltbild ist die vedische Vorstellung von einer meerumflossenen, überwölbten Weltscheibe weiter ausgebaut. Der Zentralkontinent ist von sechs weiteren Ring-Kontinenten und Ringmeeren umschlossen.

*S. 48:*
In der heiligen Barke des Rê: Der Tote mit uräusumwundener Sonnenscheibe auf dem Falkenhaupt; dahinter Phönix und das Steuerruder.

*S. 56:*
Reinigungszeremonie. Hier als eines der Rituale beim Königsbegräbnis: Der Tote wird mit natronhaltigem Wasser übergossen. Diese Rituale dienen dem Ziel, das Weiterleben des Verstorbenen zu bewirken. (Aus: P. H. Schulze: Auf den Spuren des Horusfalken. Bergisch-Gladbach: Lübbe, 1980, S. 19)

*S. 60:*
(oben) IX CHEL, die Mondgöttin, auch Acna (»Unsere Mutter«) genannt, gießt ihren Wasserkrug über der Erde aus. (Codex Dresdensis)

(unten) Assyrischer Mond, geflügelt für seinen Flug über den Himmel, mit dem in der Sichel thronenden Gott. Ströme himmlischen Nektars oder Somas fließen herab. (Aus: Esther Harding: Frauen-Mysterien. Zürich: Rascher, 1949)

*S. 61:*
Der mexikanische Mondgott bringt Regen.

*S. 67:*
Vishnu auf dem Lotus.

*S. 87:*
Marduk, Gott der Sonne und des Frühlings, mit dem Meerungeheuer der Tiamat, seiner Mutter. (Täfelchen, bei den Ausgrabungen von Esaglia gefunden. Vorderasiatisches Museum, Ost-Berlin)

*S. 96:*
Vishnu und Lakshuni auf der Schlange.

*Farbfotos:* (S. 7, 13, 37, 65, 83, 103, sowie Titel): Barbara Blum-Heisenberg.

# STANISLAV GROF

## »Alte Weisheit und modernes Denken«

Spirituelle Traditionen in Ost und West im Dialog mit der neuen Wissenschaft.
*Herausgegeben von Stanislav Grof*

Kartoniert. 256 Seiten.

Dieses Buch macht uns zu Zeugen der ersten, weltweit beachteten Zusammenkunft von Vertretern der modernen Wissenschaft und der großen spirituellen Traditionen, zu der die Internationale Transpersonale Gesellschaft (ITA) 1982 nach Bombay eingeladen hatte. Hier sind nun erstmals die wichtigsten Beiträge in gut verständlicher Form dokumentiert.

Zu Worte kommen u. a. so bedeutende Autoren wie der Physiker Fritjof Capra, der Pädagoge und Philosoph Joseph Chilton Pearce, Pater Bede Griffiths, ein Benediktiner, der östliche spirituelle Praxis und christliche Lehre zu verbinden versucht, sowie Mutter Teresa von Kalkutta.

Nie zuvor wurde die sich anbahnende Integration des Alten und Neuen sowie der großen Errungenschaften des Ostens und Westens so deutlich wie hier. Weit mehr als Dokumentation ist dieses Buch eine Aussage von bleibendem Wert, die künftige Entwicklungen inspirieren wird.

## »Die Chance der Menschheit«

Bewußtseinsentwicklung – der Ausweg aus der globalen Krise.
*Herausgegeben von Stanislav Grof*

Gebunden. 303 Seiten.

»Wir haben heute nur zwei Alternativen: Entweder wir machen weiter wie bisher und projizieren unseren Vernichtungswillen nach außen, dann vernichten wir uns und den Planeten tatsächlich – oder wir lassen in uns unser Ego sterben. Dann haben wir die Chance zu einer Wiedergeburt: in unserem Inneren und in der äußeren Welt.«

Stanislav Grof

Autoren und ihre Beiträge sind u. a.:
- Roger Walsh: ›Das Überleben des Menschen – Eine psycho-evolutionäre Analyse‹
- Marie-Louise von Franz: ›Der transformierte Berserker – Die Vereinigung psychischer Gegensätze‹
- Stanislav Grof: ›Die moderne Bewußtseinsforschung und das Überleben der Menschheit‹
- Bruder David Steindl-Rast: ›Mystik als Grenze der Bewußtseinsevolution – Eine Betrachtung‹
- Elisabeth Kübler-Ross: ›Der Tod als letztes Wachstumsstadium‹
- Francisco J. Varela: ›Unsere Spuren sind der Weg – Visionen einer neuen Biologie‹.

## KÖSEL-VERLAG · MÜNCHEN